"十四五"职业教育国家规划教材

"1+X"职业技能等级证书配套系列教材

智能财税共享服务

主　审　徐　艳

主　编　陈　玲　宋俊骥

副主编　丁宛露　王　征　张美忠　熊显彬

参　编　吴素瑶　陈小阳　周海军　何　畅

　　　　骆　莎　谢真孺　梁　蕾　黄爱华

　　　　张　引

北京理工大学出版社
BEIJING INSTITUTE OF TECHNOLOGY PRESS

内 容 简 介

智能财税是大智移云等现代技术在财税领域应用的产物。智能财税共享是指财税社会共享中心为代理记账公司、企业主体等提供的基础性财税共享服务；智能财税共享服务中心是指提供财税共享服务的业务单位，通过流程再造、建模的方式，把业、票、财、税融为一体，按照会计准则、税法要求，实现财税业务核算的智能化、标准化，提高了财税工作效率，节约了人力成本。

本书基于企业财税职能转变与智能化数字经济时代对人才的紧迫需求，聚焦财税智能化、数字化、共享化，以岗位分工为基础、以技能训练为内容，以中联集团智能财税共享中心的业务处理平台及1+X智能财税职业技能等级证书考核平台为载体，依据教育部职业技术教育中心研究所公布的《智能财税职业技能等级标准》及1+X智能财税职业技能等级证书考核内容融合编写而成。

本书突出职业技能，理实一体，每个项目都由理论和实训两部分组成，均以智能财税岗位群的实际工作业务为教学工作领域，依据职业技能标准将每个工作领域分为多个工作任务，每个工作任务都依托企业典型真实案例或仿真任务作为任务实施场景，并配备了课堂实训案例供学生进行技能操作实训，每个任务下还设置了"实施步骤""任务评价"等栏目指导学生完成技能操作及测评。本书主要包括企业创办相关事项处理、商旅与费用报销、票据开具与整理、财务核算与制单、供应链管理与应用、涉税事项处理6大工作领域，18个工作任务。

本书融入了课程思政元素，以期培养学生良好的职业道德和素养；配套开发了课程资源视频、教学课件、操作流程图、题库等相关数字化教学资源，学生可通过扫描书中二维码获取相关资源，进行学习讨论并观看线上平台实训。

本书既可作为智能财税职业技能等级证书考试培训教材，也可作为高等院校大数据与会计、大数据与财务管理、大数据与审计、会计信息管理、财富管理、税务等专业学生的财税共享综合实训教材，还可以作为会计从业人员的学习用书。

版权专有　侵权必究

图书在版编目（CIP）数据

智能财税共享服务 / 陈玲，宋俊骥主编. -- 北京：北京理工大学出版社，2021.9（2024.1重印）
ISBN 978-7-5763-0337-7

Ⅰ．①智… Ⅱ．①陈… ②宋… Ⅲ．①财税-管理信息系统-高等学校-教材 Ⅳ．①F810-39

中国版本图书馆 CIP 数据核字（2021）第 184890 号

责任编辑：王俊洁	**文案编辑**：王俊洁
责任校对：刘亚男	**责任印制**：施胜娟

出版发行 / 北京理工大学出版社有限责任公司
社　　址 / 北京市丰台区四合庄路6号
邮　　编 / 100070
电　　话 /（010）68914026（教材售后服务热线）
　　　　　　（010）68944437（课件资源服务热线）
网　　址 / http://www.bitpress.com.cn
版 印 次 / 2024年1月第1版第6次印刷
印　　刷 / 唐山富达印务有限公司
开　　本 / 787 mm×1092 mm　1/16
印　　张 / 14.75
字　　数 / 480千字
定　　价 / 49.80元

图书出现印装质量问题，请拨打售后服务热线，负责调换

前言 Preface

党的二十大报告指出："加快发展数字经济，促进数字经济和实体经济深度融合，打造具有国际竞争力的数字产业集群。"在数字经济时代背景下，企业财税职能转变对智能财务会计人才的需求更为紧迫。为进一步提升会计人才的培养质量，提高学生的实践能力、创新能力与就业能力，适应大智移云技术在财税领域的快速应用，本书聚焦财税智能化、数字化、共享化，以岗位分工为基础、以技能训练为内容、以中联集团教育科技有限公司（简称中联集团）智能财税共享服务中心的业务处理平台及1+X智能财税职业技能等级证书考核平台为载体，依据教育部职业技术教育中心研究所公布的《智能财税职业技能等级标准》及1+X智能财税职业技能等级证书考核内容融合编写而成。

本书属于校企"双元"合作开发的岗课赛证融合新形态一体化教材，属于江西外语外贸职业学院国家优质校、国家双高专业群开展智能财税1+X证书制度试点、书证融通、三教改革的重要成果之一，也是江西外语外贸职业学院江西省重点教改课题《基于1+X智能财税证书制度下高职会计专业新型课程体系重构与实践》《1+X课证融通下的会计专业实训课程改革与实践》，以及江西省省级精品在线开放课的重要成果。

为了更好地实现1+X智能财税证书制度试点工作，落实教育部书证融通试点改革工作，由江西外语外贸职业学院会计金融学院院长助理陈玲副教授与中联集团教育科技有限公司通过校企合作方式，提前谋划、系统规划，及时将智能财税共享服务中心及1+X智能财税考证平台操作内容结合起来，共同开发课程和教材，以期完善高职财经类专业的课程体系，提升实践教学效果，及时编写出版《智能财税共享服务》理实一体化教材，也是校企"双元"合作开发的岗课赛证融合新形态一体化教材，旨在培养学生的智能财税（业、票、财、税一体化综合业务）实训操作能力，提高学生的专业核心技能及实践能力。

本书主要有以下特色：

1. 按照基于工作过程、理实一体的教材结构进行编排

本书打破了传统教材的编排理念，按照基于企业智能财税岗位实际工作过程进行总体教学设计，以岗位工作任务及工作内容为主线，形成了融业、票、财、税于一体化的新型教材体例。本书共有6大工作领域，18个工作任务，每项工作任务都由理论及实训两部分组成，以学生为主体，让学生在"做中学，学中做"，使教、学、做一体化。

2. 融岗课赛证内容为一体

本书内容融入财经商贸大类全国职业院校技能大赛智能财税赛项，将竞赛任务进行转化，通过岗课赛证一体化模式，从而以赛促教、以赛促学、赛训结合，提升质量，帮助学生掌握"业、票、财、税与机器人应用技能竞赛"这一赛段的基础知识和职业能力。

3. 由具有丰富理论教学经验的省级教学团队（会计专业）与具有丰富实践经验的企业专家联合编写

江西外语外贸职业学院会计专业省级教学团队教师与中联集团企业专家强强联合，作为本书的编写主力。该教学团队人员均为教学和科研一线的"双师型教师"，具有丰富的教学经验。本书主编长期致力于财税领域的前沿理论问题及实务问题研究，参与国家骨干专业建设、中特高专业群建设，主持建设《财务管理实务》《管理会计实务》等江西省省级精品在线开放课，主持省级重点教改课题、省级重点教育科学规划课题等4项，是中联集团1+X智能财税职业技能等级证书（初级）项目建设专家委员会委员。

4. 具备实用性与灵活性

为了最大限度地调动高职学生的学习兴趣，本书采用生动形象的智能财税操作彩色流程图，把1+X智能财税职业技能等级证书考核平台及智能财税共享服务平台内容融为一体，有效提升学生业、票、财、税融为一体的综合实训业务操作技能水平。

5. 仿真性与实践性强

本书按照企业创办相关事项处理、商旅与费用报销、票据开具与整理、财务核算与制单、供应链管理与应用和涉税事项处理等智能财务核算工作全过程设计教学内容，仿真性与实践性强。

6. 采用数字化，适用面广

本书融入了课程思政元素，以期培养学生良好的职业道德和素养。党的二十大报告里提出，要"推进教育数字化，建设全民终身学习的学习型社会、学习型大国"。本课程配套开发了课程资源视频、教学课件、操作流程图、题库等相关数字化教学资源，学生可通过扫描书中二维码获取相关课程思政学习资源，进行学习讨论并观看线上平台实训。本书既可作为智能财税职业技能等级证书考试培训的教材，也可作为高等院校大数据与会计、大数据与财务管理、大数据与审计、会计信息管理、财富管理、税务等专业学生的实训教材，还可以作为会计从业人员的学习用书。

本书由江西外语外贸职业学院财务处处长徐艳教授担任主审；由江西外语外贸职业学院会计金融学院副院长陈玲教授及江西外语外贸职业学院会计金融学院院长宋俊骥教授担任主编；由江西外语外贸职业学院丁宛露、王征、张美忠、拥有多年上市公司财务经验的熊显彬担任副主编；由江西外语外贸职业学院吴素瑶、陈小阳、周海军、何畅、骆莎，江西现代职业技术学院会计电算化教研室主任谢真孺、专任教师梁蕾副教授，江西省商务学校商务管理系主任黄爱华教授、江西信息应用职业技术学院张引讲师参加编写。本书在编写过程中得到了中联集团教育科技有限公司江西区域负责人徐建文、中联集团教育科技有限公司侯刘成老师的大力支持和帮助。

本书编写分工如下：工作领域一由骆莎、宋俊骥、吴素瑶编写，工作领域二由丁宛露、张美忠、张引编写；工作领域三由陈玲、丁宛露编写；工作领域四由陈小阳、何畅、黄爱华编写；工作领域五由王征、谢真孺、熊显彬编写；工作领域六由周海军、梁蕾编写；附件由丁宛露、王征编写。全书英文由吴素瑶老师提供，由陈玲、宋俊骥对全书进行了修改和总纂。

本书由具有多年财会教学经验的省级教学团队教师和企业财务专家联合编写，相信对全国各高职院校财经类专业智能财税共享实训教学和技能大赛训练会产生一定帮助和指导作用，欢迎各位师生积极使用，并提出宝贵建议，我们将不胜感激！

本书配套的课程资源由江西外语外贸职业学院《智能财税》省级精品在线开放课课程组的老师及中联集团教育科技有限公司的徐建文、侯刘成、熊显彬老师提供。在此，向所有支持和帮助我们的同仁表示衷心的感谢！

尽管我们在本书特色方面做了很多努力，但会计职业教育的改革与探索是一个漫长过程，本书只是我们阶段性的探索总结，难免会有一些不足，以后我们会动态地完善和调整修订，敬请期待！

为方便教学，本书中公司名称、地址、人名、电话、身份证等信息皆为虚构，特此声明！

编　者

平台登录

1. 平台名称： 智能财税技能等级证书（证书平台）

打开页面：https://zledusx.cailian.net/#/home。

操作流程（表1）：

表1 操作流程

教师端	学生端
1. 输入用户名和密码	1. 输入用户名和密码
2. 点击学习课程	2. 加入课程
3. 点击开课	3. 进入课程——开始学习
4. 点击班级	
5. 点击课程学习——开始上课	

2. 平台名称： 智慧财经综合实训平台（教学平台）

打开页面：https://sx.cailian.net/#/。

操作流程（表2）：

表2 操作流程

教师端	学生端
1. 输入用户名和密码	1. 输入用户名和密码
2. 管理员账号添加教师	2. 加入课程
3. 教师账号添加学生	3. 进入课程——开始学习
4. 点击开课管理	
5. 进入课程——开始上课	

3. 平台名称： 财务数字化应用职业技能等级证书（证书平台）

打开页面：https://cloud.seentao.com/szyx。

操作流程（表3）：

表3 操作流程

教师端	学生端
1. 输入用户名和密码	1. 输入用户名和密码
2. 切换到1+X考试认证学院	2. 输入学习邀请码
3. 点击我的教学班	3. 加入课程
4. 点击我的课程	4. 点击我的项目
5. 点击发布项目——开始上课	5. 进入具体项目——开始学习

4. 如忘记账号密码，可点击界面右下角"忘记密码"登录

目录 Contents

工作领域一　企业创办相关事项处理

任务 1　企业创立 ……………………………………………………………… 2
任务 2　业务筹备 …………………………………………………………… 12

工作领域二　商旅与费用报销

任务 1　接单与初始设置 …………………………………………………… 31
任务 2　商旅业务处理 ……………………………………………………… 38
任务 3　费用审核与报销 …………………………………………………… 47

工作领域三　票据开具与整理

任务 1　为具有开票资格的纳税人代开发票 ……………………………… 56
任务 2　为无开票资格的纳税人代开发票 ………………………………… 65
任务 3　票据的整理与审核 ………………………………………………… 71

工作领域四　财务核算与制单

任务 1　账套的初始化设置 ………………………………………………… 93
任务 2　日常业务的智能制单 ……………………………………………… 116
任务 3　智能薪资业务的处理 ……………………………………………… 135
任务 4　固定资产的管理与核算 …………………………………………… 147
任务 5　期末会计事项处理 ………………………………………………… 158

目录

工作领域五　供应链管理与应用

任务1　业财一体化处理 …………………………………………………… 172
任务2　成本核算与管理 …………………………………………………… 192

工作领域六　涉税事项处理

任务1　增值税的审核与申报 ……………………………………………… 205
任务2　企业所得税的审核与申报 ………………………………………… 214
任务3　其他税种的计算与申报 …………………………………………… 219

附录 ………………………………………………………………………………… 225
参考文献 …………………………………………………………………………… 226

工作领域一

企业创办相关事项处理

> 知识目标

1. 了解企业创立登记的相关法律法规；
2. 了解企业印章的使用；
3. 掌握企业创立登记的基本内容；
4. 理解税务登记的政策和法规；
5. 了解社会保险登记和住房公积金登记的意义；
6. 了解我国对知识产权的保护政策。

> 技能目标

工作领域	工作任务	技能点	重要程度
企业创办相关事项处理	企业创立（政务仿真平台）	管家账号登录平台	★★☆☆☆
		录入股东信息	★★★☆☆
		检查企业名称	★☆☆☆☆
		录入企业住所信息	★★★☆☆
		录入企业经营范围	★★★☆☆
		录入企业人员信息	★★★☆☆
		上传住所证明等文件	★☆☆☆☆
		确认税务信息	★★★☆☆

续表

工作领域	工作任务	技能点	重要程度
企业创办相关事项处理	业务筹备（政务仿真平台）	税务登记	★★★★☆
		社会保险登记	★★★☆☆
		住房公积金登记	★★★☆☆
		知识产权登记	★★☆☆☆

素养目标

1. 培养学生的守法意识、社会责任感和工作责任心；
2. 增强学生对社会政策的了解，使学生树立依法纳税的意识；
3. 培养学生严肃认真、严谨细致的工作态度；
4. 让学生树立踏实做事、终身学习的工作理念。

任务 1 企业创立

任务导入

有一个年轻人，他身上有很多标签：低调、偏执般的勤奋、目标明确、有危机感，对很多传闻，他从不否认，也不澄清，只是脚踏实地去经营，把公司从 1987 年的小作坊，做到 2010 年成为全球第二大电信设备制造商，再发展到至今，成为智能终端世界领先的宝座，实现了从"活下去"到"走出去"，再到"走上去"的跨越。一切的奋斗都起源于 1987 年的秋季，这个年轻人决定登记创立一家企业，起名"华为"，寓意"中华有为"，并愿为中华的崛起而为之！从此，华为公司折射出各项符合新时代、新征程、新阶段的企业特质，守正创新、立足实践，深耕于树立中国品牌、打造民族产业的伟大事业。

思政课堂

请同学们结合二十大精神，思考本土企业尤其是大型制造业企业如何顺应数字化升级之路，优化自身的经营、产线、营销和研发。通过名人励志故事，培养学生脚踏实地、勤勤恳恳的处事态度，科技强国和民族创新的爱国思想。

时移世易,科技改变生活,智能财税共享服务也逐步融入生活,智能财税共享服务中心的管家(简称共享服务管家或共享服务中心管家)可以代办企业创立的手续,减轻企业在初创时期的烦琐工作。北京紫林智能财税共享服务中心有限公司(以下简称紫林或紫林财税共享服务中心或智能财税共享服务中心)主要承接中小微企业的代理、外包和企业管家等各项业务。刘庆担任共享服务中心管家一职,主要负责企业创立和业务筹备等相关工作。

任务分析

1. 了解我国对企业登记管理的相关规定;
2. 作为智能财税共享服务中心管家,如何根据客户提供的信息资料创立企业?

相关知识

公司登记是国家赋予公司法人资格与企业经营资格,并对公司的设立、变更、注销加以规范、公示的法律行为。《公司法》规定,设立公司,应当依法向公司登记机关申请设立登记。符合《公司法》设立条件的企业,可以由公司登记机关登记为有限责任公司或者股份有限公司。公司经公司登记机关依法登记,领取企业法人营业执照,如图1-1-1所示,方可取得企业法人资格。未经公司登记机关登记的,不得以公司名义从事经营活动。

一、登记事项(Registered Items)

根据《公司登记管理条例》的规定,公司的登记事项包括公司名称、公司住所、法定代表人、注册资本、公司类型、经营范围、营业期限、股东出资、有限责任公司股东或者股份有限公司发起人的姓名或者名称。

1. 公司名称

公司名称应当符合国家有关规定,并只能使用一个名称。有限责任公司必须在公司名称中标明"有限责任公司"或者"有限公司"字样;股份有限公司必须在公司名称中标明"股份有限公司"或者"股份公司"字样。经公司登记机关核准登记的公司名称受

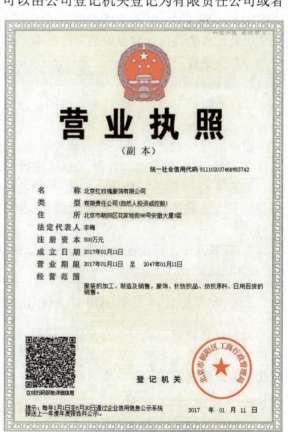

图1-1-1 企业法人营业执照(副本)

法律保护。

 2. 公司住所

  公司住所是公司进行经营活动的场所，同时也是发生纠纷时确定诉讼及行政管辖的依据，是向公司送达文件的法定地址。公司住所是公司主要办事机构所在地。经公司登记机关登记的公司住所只能有一个，公司住所应当在其公司登记机关辖区内。

 3. 法定代表人

  根据《公司法》的规定，公司法定代表人依照公司章程的规定，由董事长、执行董事或者经理担任，并依法登记。公司法定代表人变更的，应当办理变更登记。

 4. 注册资本

  注册资本是指设立企业在银行行政管理机关登记的资本总额，即投资者认缴的全部出资额。

 5. 公司类型

  公司登记的类型包括有限责任公司和股份有限公司。一人有限责任公司应当在公司登记中注明自然人独资或者法人独资，并在公司营业执照中载明。

 6. 经营范围

  经营范围是股东选择的公司生产和经营的商品类别、品种服务项目。根据《公司法》的规定，经营范围由公司章程规定并应依法登记。公司的经营范围中属于法律、行政法规规定须经批准的项目，应当依法经过批准。公司可以修改公司章程，改变经营范围，但是应当办理变更登记。

 7. 营业期限

  营业期限是指公司存续的有效时间，分为有期限和无期限两种。

 8. 股东出资

  股东出资应当符合《公司法》的规定。股东以货币、实物、知识产权、土地使用权以外的其他财产出资的，其登记办法由国家市场监督管理总局会同国务院有关部门规定。股东不得以劳务、信用、自然人姓名、商誉、特许经营权或者设定担保的财产等作价出资。公司的注册资本和实收资本应当以人民币表示，法律、行政法规另有规定的除外。

 9. 有限责任公司股东或者股份有限公司发起人的姓名或者名称

 （详情略）

二、设立登记（Establish Registration）

  公司设立登记，是公司的设立人依照《公司法》规定的设立条件与程序向公司登记机关提出设立申请，并提交法定登记事项文件，公司登记机关审核后对符合法律规定的准予登记，并发给企业法人营业执照的活动。

三、变更登记（Change Registration）

  公司变更登记事项，应当向原公司登记机关申请变更登记。未经变更登记的，公司不得擅自改变登记事项。

1. 变更登记应提交的文件

公司申请变更登记，应当向公司登记机关提交下列文件：

（1）公司法定代表人签署的变更登记申请书；

（2）依照《公司法》作出的变更决议或者决定；

（3）国家市场监督管理总局规定要求提交的其他文件。

公司变更登记事项涉及修改公司章程的，应当提交由公司法定代表人签署的修改后的公司章程或者公司章程修正案。变更登记事项依照法律、行政法规或者国务院决定规定在登记前须经批准的，还应当向公司登记机关提交有关批准文件。

2. 变更登记事项及要求

1）公司名称、法定代表人、经营范围变更登记

公司应当自变更决议或者决定作出之日起 30 日内申请变更登记。

2）公司住所变更登记

公司变更住所的，应当在迁入新住所前申请变更登记，并提交新住所使用证明。公司变更住所跨公司登记机关辖区的，应当在迁入新住所前向迁入地公司登记机关申请变更登记；迁入地公司登记机关受理的，由原公司登记机关将公司登记档案移送迁入地公司登记机关。

3）注册资本变更登记

公司增加注册资本的，应当自变更决议或者决定作出之日起 30 日内申请变更登记。公司减少注册资本的，应当自公告之日起 45 日后申请变更登记，并应当提交公司在报纸上登载公司减少注册资本公告的有关证明和公司债务清偿或者债务担保情况的说明。

4）股东变更登记

有限责任公司股东转让股权的，应当自转让股权之日起 30 日内申请变更登记，并应当提交新股东的主体资格证明或者自然人身份证明。有限责任公司的自然人股东死亡后，其合法继承人继承股东资格的，公司应当依照上述规定申请变更登记。有限责任公司的股东或者股份有限公司的发起人改变姓名或者名称的，应当自改变姓名或者名称之日起 30 日内申请变更登记。

5）分公司变更登记

公司登记事项变更涉及分公司登记事项变更的，应当自公司变更登记之日起 30 日内申请分公司变更登记。

四、注销登记（Deletion Registration）

公司解散有两种情况：一是不需要清算的，如因合并、分立而解散的公司，其债权债务由合并、分立后继续存续的公司承继；二是应当清算的，即公司债权债务无人承继的。公司解散应当申请注销登记，经公司登记机关注销登记，公司终止。《公司登记管理条例》规定，有下列情形之一的，公司清算组应当自公司清算结束之日起 30 日内向原公司登记机关申请注销登记：

（1）公司被依法宣告破产；

（2）公司章程规定的营业期限届满或者公司章程规定的其他解散事由出现，但公司通过修改公司章程而存续的除外；

（3）股东会、股东大会决议解散或者一人有限责任公司的股东、外商投资的公司董事会决议解散；

（4）公司依法被吊销营业执照、责令关闭或者被撤销；

（5）被人民法院依法予以解散；

（6）法律、行政法规规定的其他解散情形。

经公司登记机关注销登记，公司终止。

企业印章是指企业刻制的以文字、图记表明主体同一性的公章、专用章，它是企业从事民事活动、行政活动的符号和标记。常见的企业印章如表1-1-1所示。

表1-1-1 常见的企业印章

印章名称	含义	使用范围	保管者
公章	刻有公司注册名称且对外具有法律效力的印章	主要用于所有以公司名义发出的信函、公文、合同、介绍信、工作证明，或公司开户时、办税人实名认证时、纳税人资格登记时	由老板、总经理、董事长、企业主要负责人保管
法人章	刻有公司法人职衔及其姓名的印章	主要用于公司有关决议，以及公司注册、企业在银行开通基本户、支票背书时	一般是法人自己保管，或者是公司财务部门出纳人员管理
财务专用章	财务部为履行财务职能而使用的印章	主要用于与银行发生业务时的汇款单、各种支票、各种凭证，以及在财务方面结算资金时	大多由企业的财务人员管理，可以是财务主管、会计、出纳等
发票专用章	刻有公司注册名称、税务登记号和"发票专用章"字样的印章	开具发票时使用	会计、出纳或开具发票的财务人员
合同专用章	刻有公司、子公司名称，公司为履行合同职能而使用的印章	企业对外签订合同时使用	各部门健全的企业由法务人员、合作律师或行政部门等保管；小微企业因部门不健全，也常由企业负责人或者主管会计保管
人事章	刻有公司、子公司名称，人力资源部为履行人事职能而使用的印章	一般是公司内部人员调动或是对员工开具企业证明、内部介绍信、职称评定表、离职证明、单位推荐信等时使用	人事部门员工保管

任务实施

一、实施场景

202×年9月，林宇明、韩超、陈平三人委托共享服务中心管家创立名为北京振兴科技有限公司的企业，从事技术开发和服务工作，注册资本人民币200万元。共享服务中心管家刘庆已经进行过个人注册，注册账号为 18901675326，密码为 123456。

二、实施要求

共享服务中心管家刘庆协助林宇明等人办理北京振兴科技有限公司创立手续。

三、实施步骤

企业创立的操作流程如图 1-1-2 所示。

图 1-1-2　企业创立的操作流程

（1）点击"开始练习"，选择"个人用户登录"（账号为 18901675326，密码为 123456），选择"公司登记"—"设立"—"e 窗通"，如图 1-1-3 所示。

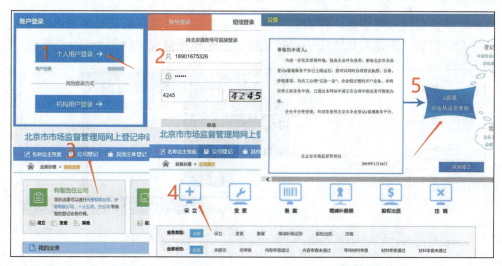

图 1-1-3　共享服务中心管家登录账号

（2）登录"e 窗通"的"个人用户登录"，点击"进入办理"—"企业开办"—"申请营业执照"，确定后进入公司命名信息界面，注意公司名称需要"检查"后保存，再进入下一步；按股东人数分别新增股东信息，录入股东信息，如图 1-1-4 所示。

图 1-1-4 e窗通录入股东信息

> **课程思政**
>
> 　　人员信息需要按岗位分别输入信息，过程较为烦琐，同学们要保持认真仔细、严谨的态度。

　　（3）股东信息录入完毕后，开始录入企业基本信息：一是住所信息界面；二是经营范围；三是人员信息；四是上传住所证明等文件；五是税务信息，如图1-1-5所示。

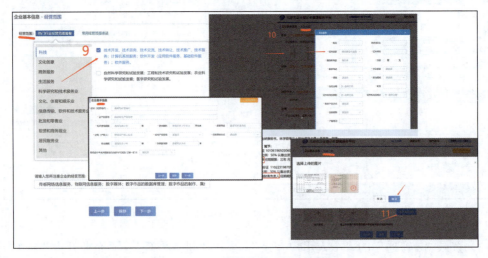

图 1-1-5 e窗通录入企业基本信息

　　（4）点击"业务确认"后，企业登记流程的实训结束，界面会提示"提交成功待审核"，如图1-1-6所示。

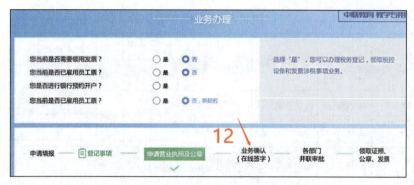

图 1-1-6　业务确认界面

四、课堂实训

202×年9月，林宇明、韩超、陈平三人拟共同出资设立一家开发软件的有限责任公司，名称定为北京振兴科技有限公司（字号为振兴），从事技术开发和服务工作，注册资本200万元人民币。

企业创立登记

三人决定有关事项如下：

（1）设立时间：202×年9月10日（出资时间为202×年9月30日）；

（2）股东会组成：公司由林宇明、韩超、陈平三人组成股东会；

（3）设一名执行董事、一名监事、一名总经理，选举林宇明担任执行董事兼公司法定代表人，选举陈平为监事，聘任韩超担任总经理同时兼财务负责人；

（4）公司暂不建立工会组织；

（5）企业的核算方式为独立核算；

（6）职工的月工资标准如表1-1-2所示；

（7）招聘一名出纳兼秘书，协助办理公司设立登记相关事宜，并担任企业的联系人、办税员、社保和住房公积金缴费经办人、购票人；

（8）行业特点：科技（主营业务：其他科技、技术推广服务）；

（9）经营范围：传感网络信息服务，物联网信息服务，数字媒体，数字作品的数据库管理，数字作品的制作、集成，数字作品的印刷出版、发行，数字出版领域内的技术开发、技术转让、技术咨询、技术服务；

（10）主营业务：技术开发、技术服务；

（11）拟登记市场主体所在地：丰台区；

（12）公司营业期限为30年；

（13）没有位于中关村国家自主创新示范园及"三城一区"内；

（14）投资人类型全部为自然人；

（15）固定电话：010-67532981；

（16）三人商定用系统自动生成的章程即可。

商定之后，他们招聘了王清担任公司出纳兼秘书，林宇明等三人的出资及主要人员信息如表1-1-2所示。

表1-1-2 林宇明等三人的出资及主要人员信息

姓名	性别	民族	政治面貌	学历	职业状况	证件类型	证件号码	户籍所在地	移动电话	电子邮箱	认缴出资额/万元	认缴出资比例/%	认缴出资方式	认缴出资来源	认缴出资时间	担任职务	职务任期期限	月工资标准/元
林宇明	男	汉	群众	硕士研究生	在职	身份证	110106198503060235	北京市丰台区海棠园6号楼9层902室	18911223368	linmingyu@163.com	100	50	货币	工资收入	202×年7月31日	执行董事兼总经理和法定代表人	3年	20 000
韩超	男	汉	群众	大学本科	在职	身份证	110223198709280912	北京市通州区紫云苑12号楼6层603室	18509862348	hanchao@163.com	60	30	货币	工资收入	202×年7月31日	总经理兼财务负责人	3年	10 000
陈平	男	汉	群众	大学本科	在职	身份证	110106198006150358	北京市丰台区未来家园3号楼7层701室	15090621293	chenping@163.com	40	20	货币	工资收入	202×年7月31日	监事	3年	10 000
王清	女	汉	群众			在职	身份证	110106199003121263	北京市丰台区东安小区5号楼12层1206室	18902356781	wangqing@163.com						出纳兼秘书		5 000
刘庆	男	汉	群众	大学本科	在职	身份证	110106198503207832	北京市丰台区荷花苑3号楼10层1002室	18901675326							共享服务中心管家		
合计											200	100						

说明：三名自然人股东的证件有效期起均为2010年1月1日，有效期止均为2030年1月1日。

为了有个经营场所，林宇明等三人租赁了王健位于北京市丰台区惠民路88号蓝天大厦6层620号房间，作为经营场地（即为生产经营地）。该房间的建筑面积为100平方米，使用权限为40年，房屋用途为商用办公，属于王健个人私有房产，住房产权类型为有房产证，住所提供方式为租赁。月租金20 000元，双方签订了租房协议，租赁期10年，申请工商营业执照副本1本。

住所的相关证明如图1-1-7和图1-1-8所示。

住所（经营场所）使用证明

单位名称	北京振兴科技有限公司
住所(经营场所)	北京市丰台区惠民路88号蓝天大厦6层620号
产权单位证明	本房产产权归 王健 所有,同意将 100 m²以 商用办公 提供给企业使用,期限为 10 年。 负责人签字：王健　　产权单位（公章） 2020年09月01日
其他需证明的情况	证明单位（公章） 　年　月　日
说明	1. 应另附产权证复印件。 2. 无产证的由产权单位上级在其他需证明的情况栏内说明情况。 3. 房屋使用期限不少于一年。 4. 产权提供方式指无偿、租赁等。 5. 如系租用私房，应在产权单位证明栏内由产权所有人签字。

图1-1-7 住所的相关证明①

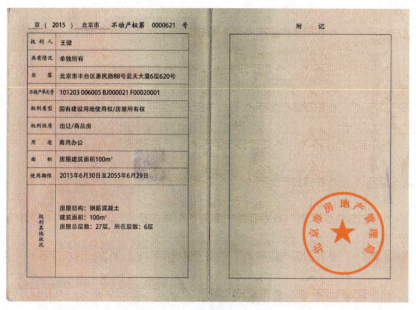

图 1-1-8　住所的相关证明②

经过股东们的协商，确认的税务信息如下：

姓名：王清；

证件类型：中华人民共和国居民身份证；

项目类别：非生产性项目；

经营大类：综合技术服务业；

经营明细：数字出版领域内的技术开发、技术转让、技术咨询、技术服务；

行业名称：计算机应用服务业；

预计经营占比：100%。

任务评价（表 1-1-3）

表 1-1-3　任务评价

共享服务平台工作任务清单	完成情况			
	已完成			未完成
	配分	扣分	用时	（备注）
使用管家账号登录 e 窗通				
录入股东信息				
检查企业名称				
录入企业住所信息				
录入企业经营范围				
录入企业人员信息				
上传住所证明等文件				
确认税务信息				

任务 2 业务筹备

任务导入

共享服务中心管家刘庆在顺利完成企业创立的任务后,又接到一项协助企业做业务筹备的工作。作为新人,他还不太清楚有哪些筹备工作,不免有些犯愁。

任务分析

为了能保质保量地完成业务筹备工作,刘庆及时向共享服务中心的前辈们请教,充分做好任务的准备工作。前辈们告诉他,一般来说,企业创立后,首先要进行税务登记工作,这样才能使企业具有开发票的资格,保障企业的业务开展;其次,企业在响应国家全民参保政策的同时,还应当为员工提供住房公积金保障条件;最后,如果企业需要申请商标或是专利,也要办理相应手续。当然,不管是企业创立筹备期还是后期新业务开拓期,需要登记的手续远不止这几项,所以,作为共享服务中心管家,应该与时俱进,时刻关注国家政策,保持思想和技术的先进性,才能更便捷地为企业服务。

课程思政

让学生树立持之以恒的学习精神,并关注时事。

相关知识

一、税务登记(Tax Registration)

税务登记是税务机关对纳税人的基本情况及生产经营项目进行登记管理的一项基本制度,是整个税收征收管理的起点。税务登记的作用在于掌握纳税人的基本情况和税源分布情况。从税务登记开始,纳税人的身份及征纳双方的法律关系就得到确认。

1. 税务登记申请人

企业，企业在外地设立的分支机构和从事生产、经营的场所，个体工商户和从事生产、经营的事业单位（统称从事生产、经营的纳税人），都应当办理税务登记。

前述规定以外的纳税人，除国家机关、个人外，无固定生产经营场所的流动性农村小商贩外（统称非从事生产经营但依照规定负有纳税义务的单位和个人），也应当办理税务登记。

根据税收法律、行政法规的规定，负有扣缴税款义务的扣缴义务人（国家机关除外），应当办理扣缴税款登记手续。

2. 税务登记主管机关

县级以上（含本级，下同）税务局（分局）是税务登记的主管机关，负责税务登记的设立登记、变更登记、注销登记以及非正常户处理、报验登记等有关事项。

县级以上税务局（分局）按照国务院规定的税收征收管理范围，实施属地管理，办理税务登记。有条件的城市，可以按照"各区分散受理、全市集中处理"的原则办理税务登记。

3. "多证合一"登记制度改革

为提升政府行政服务效率，降低市场主体创设的交易成本，激发市场活力和社会创新力，自 2015 年 10 月 1 日起，登记制度改革在全国推行。随着国务院简政放权、放管结合、优化服务的"放管服"改革不断深化，登记制度改革从"三证合一"推进为"五证合一"，又进一步推进为"多证合一、一照一码"。即在全面实施企业、农民专业合作社工商营业执照、组织机构代码证、税务登记证、社会保险登记证、统计登记证"五证合一、一照一码"登记制度改革和个体工商户工商营业执照、税务登记证"两证整合"的基础上，将涉及企业、个体工商户和农民专业合作社（统称企业）登记、备案等有关事项和各类证照进一步整合到营业执照上，实现"多证合一、一照一码"。使"一照一码"营业执照成为企业唯一的"身份证"，使统一社会信用代码成为企业唯一的身份代码，实现企业"一照一码"走天下的目的。

二、企业员工（Enterprise Employees）

1. 劳动合同

劳动合同，是指劳动者与用人单位之间确立劳动关系，明确双方权利和义务的协议。订立和变更劳动合同，应当遵循平等自愿、协商一致的原则，不得违反法律、行政法规的规定。劳动合同依法订立即具有法律约束力，当事人必须履行劳动合同规定的义务。劳动合同可以规定试用期，试用期最长不得超过 6 个月。

2. 社会保险

社会保险，是指一种为丧失劳动能力、暂时失去劳动岗位或因健康原因造成损失的人口提供收入或补偿的一种社会和经济制度。社会保险的主要项目包括养老保险、医疗保险、失业保险、工伤保险、生育保险。社会保险不以营利为目的，是社会保障制度中的核心内容。

养老保险、医疗保险和失业保险是由个人和企业分别缴纳的，一般企业承担比重多于个人缴纳部分，全国各地缴费比例有所不同。工伤保险和生育保险是不需要个人缴纳的，全部由企业缴纳；若以个人身份缴纳社会保险费，则需要全部由个人负担。

课程思政

社保作为最基础的保障，是我们每一个劳动者应该享受的福利。

3. 住房公积金

住房公积金，是指国家机关和事业单位、国有企业、城镇集体企业、外商投资企业、城镇私营企业及其他城镇企业和事业单位、民办非企业单位、社会团体及其在职职工，对等缴存的长期住房储蓄。

三、知识产权（Intellectual Property）

1. 商标

商标，是用来区别一个经营者的品牌或服务和其他经营者的商品或服务的标记。我国商标法规定，经商标局核准注册的商标，包括商品商标、服务商标、集体商标、证明商标，商标注册人享有商标专用权，商标专用权受法律保护。如果是驰名商标，将会获得跨类别的商标专用权法律保护。

2. 专利

专利，是指专有的权利和利益。在现代，专利一般是由政府机关或者代表若干国家的区域性组织根据申请而颁发的一种文件，这种文件记载了发明创造的内容，并且在一定时期内产生这样一种法律状态，即获得专利的发明创造。在一般情况下，他人只有经专利权人许可才能予以实施。在我国，专利分为发明、实用新型和外观设计三种类型。

3. 软件著作权

软件著作权个人登记，是指自然人对自己独立开发完成的非职务软件作品，通过向登记机关进行登记备案的方式进行权益记录、保护的行为。

软件著作权企业登记，是指具备或不具备法人资格的企业对自己独立开发完成的软件作品或职务软件作品，通过向登记机关进行登记备案的方式进行权益记录、保护的行为。

知识链接

1. 公共场所卫生许可证

为创造良好的公共场所卫生条件，预防疾病，保障人体健康，公共场所的卫生标准和要求，由卫健委负责制定。公共场所卫生许可证由县级以上卫生行政部门签发。公共场所卫生许可证有效期为四年。

2. 食品经营许可证

食品经营许可证又叫食品卫生许可证，简称卫生许可证，是单位和个人从事食品生产经营活动，经食品药品监督管理部门审查批准后，发给的卫生许可凭证。通俗地说，只有涉及食品生产的单位或个人，才需办理食品经营许可证。

任务实施

一、实施场景

202×年，北京紫林财税共享服务中心管家刘庆承接了6个关于业务筹备的经济业务，分别来自不同企业，需要按照每个企业提供的信息办理相应的登记手续：

（1）北京小食品零售店刚领取了营业执照，北京丰台税务分局是其主管税务局，通过工商银行丰台支行缴纳税款；

（2）北京振兴科技有限公司新录用了9名应届大学毕业生，新员工以前均没有缴纳过职工社会保险，已知新员工政治面貌、学历、户籍所在地等相关信息；

（3）北京博创中联科技有限公司以单位自筹资金开办住房公积金；

（4）北京红玫瑰服饰有限公司根据公司发展要求，拟申请注册自己公司的服装商标，商标来源于本公司设计人员的设计；

（5）北京智慧力图知识产权有限公司发明了一种电子零部件的密封性测试组件，用于滤波器、开关、继电器、电阻器、电感器和类似电子零部件的密封性测试；

（6）北京伯乐安全软件开发技术有限公司开发完成一个桌面安全管理系统软件，需要进行软件著作登记，向共享服务中心管家刘庆提供软件基本信息、技术特点和著作权人的信息等。

二、实施要求

共享服务中心管家刘庆需要办理以下6个业务：
（1）协助北京小食品零售店进行税务登记；
（2）协助北京振兴科技有限公司登记新录用的9名应届大学毕业生的职工社会保险；
（3）协助北京博创中联科技有限公司进行住房公积金登记；
（4）协助北京红玫瑰服饰有限公司进行商标登记；
（5）协助北京智慧力图知识产权有限公司进行专利申请；
（6）协助北京伯乐安全软件开发技术有限公司进行软件著作登记。

三、实施步骤

业务筹备的操作流程如图1-2-1所示。

智能财税共享服务

图1-2-1 业务筹备的操作流程

1. 税务登记

课程思政

通过税务登记实训操作，培养学生诚信纳税的品质，增强民族自豪感和使命感。

税务登记

点击"我要办税"—"税务登记"—"新办纳税人套餐"，如图1-2-2所示，再按登记流程录入企业信息，即可完成税务登记手续，如图1-2-3所示。

2. 社会保险登记

进入政务仿真平台，使用证书登录。登录名称北京振兴科技有限公司，密码123456；输入新员工身份证号，跳转页面填写信息，所有带星号的信息都必须填写，从"教学平台"

图1-2-2 税务登记流程

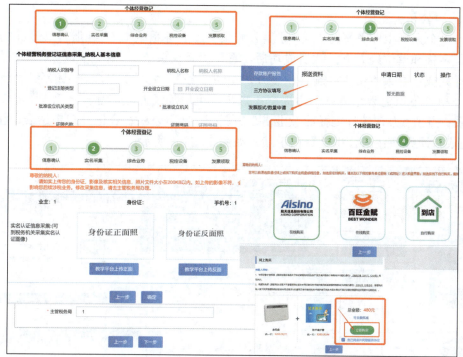

社保和公积金登记

图1-2-3 登记流程详细图示

上传员工照片；填写完毕之后点击提交，首次办理社会保险登记手续完毕，如图1-2-4所示。

图1-2-4 办理社会保险登录界面

3. 住房公积金登记

点击"个人网上业务平台"—"住房公积金网上业务系统"—"注册",输入注册信息,包含单位名称和单位经办人;注册成功后,直接"登录系统",填写单位登记开户信息后,业务办理完成;继续点击"办理公积金开户申请业务",填写"单位登记信息""公积金账户信息"和"公积金缴存信息"后提交;点击"可增加经办人信息业务",可新增公积金办理人员;点击"办理签订委托收款业务"后提交,打印公积金登记开户申请表,点击"打印",完成首次办理住房公积金登记手续,如图1-2-5所示。

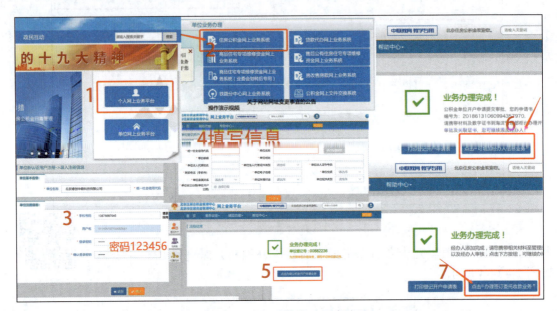

图1-2-5 办理住房公积金流程

4. 知识产权登记

课程思政

通过知识产权实训,增强学生保护知识产权的意识,使他们树立正确的道德观与权利观、科学技术观与法治观。

1)商标登记

点击"商标网上申请"—"用户登录",在用户使用协议页面勾选"我已阅读并接受",按提示步骤,依次填写和上传附件;等最后显示"提交成功,请等待审核"(图中未显示),表示申请手续完毕,如图1-2-6所示。

2)专利登记

首先,点击"登录在线平台"登录;其次,按客户提供的专利信息输入表格,根据左侧提示依次填写保存;最后,点击右上方的"提交",完成专利的申请手续,如图1-2-7所示。

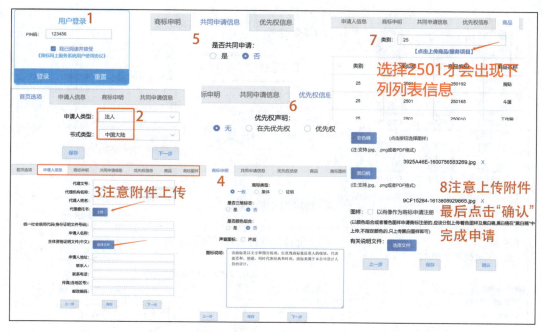

图1-2-6 商标申请流程

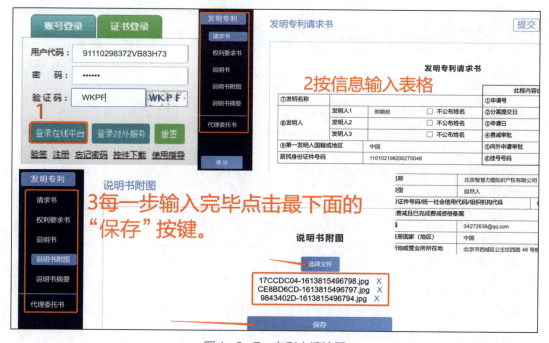

图1-2-7 专利申请流程

3）软件著作权登记

使用用户名和密码登录后，点击"计算机软件著作权登记申请"；依照客户信息填写申请表，填写完毕，点击"保存"后退出即可，如图1-2-8所示。

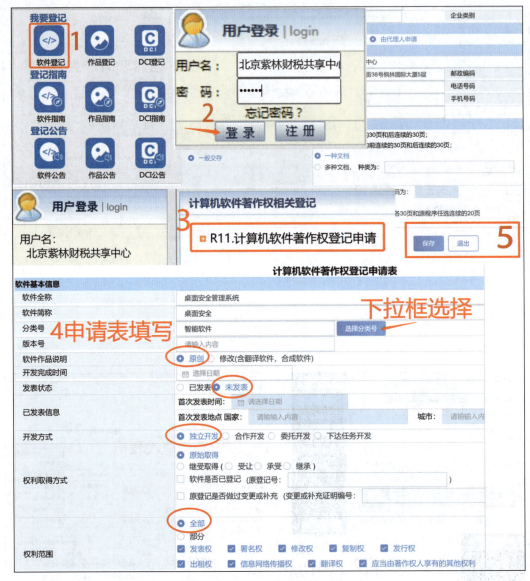

图1-2-8　软件著作权申请流程

四、课堂实训

1. 税务登记实训

202×年9月17日，北京小食品零售店是林宇明自己成立的一个小商店，刚领取了营业执照，请进行税务登记工作，该公司相关注册信息如下：

登记注册地和经营地址：丰台区惠民路88号蓝天大厦的6层620号；

法定代表人：林宇明；

身份证号：110106198503060235；

纳税人识别号：911107168085631092；

登记注册类型：店；
批准设立机关类型：行政机关；
批准设立机关：工商行政机关；
证照名称：营业执照；
证照号码：911107168085631092；
联系电话：固话：010-67890345；手机：13819302358；
批准设立证明或文件号：工商丰台34号；
国标行业：零售业；
经营范围：碳酸饮料、果汁、运动/健康饮料、茶饮料、乳品、水、咖啡饮料；
隶属关系：北京丰台区；
主管税务局：北京丰台税务分局；
身份证：正面、反面；
纳税人存款账户账号信息：××××××××××；
账号性质：基本存款账款；
银行开户登记证号：J2019091727384；
开户行：中国工商银行股份有限公司北京丰台支行；
开户行银行账号：02002198009300098765；
发放日期：202×年9月18日；
行政区：丰台；
银行行别：1021876；
账号名称：单位银行账户；
币种：人民币；
首选缴税账号识别：1；
一般退税账号识别：2；
税务机关代码：2110106；
开户日期：202×年9月18日；
银行营业网点：中国工商银行股份有限公司北京丰台支行；
开户银行行号：102187623564；
缴纳账号名称：中国工商银行股份有限公司北京丰台支行；
清算银行号：102187623564；
缴款账号：02002198009300098765；
发票版式申请：
普通发票：面额5万元，每月最高购票数量50张，不可以领用专用发票；
电子发票：面额5万元，每月最高购票数量50张，购买航天信息股份有限公司税控盘。

2. 社会保险登记实训

202×年10月30日，北京振兴科技有限公司是一家刚成立不久的软件开发与服务企业，录用9名应届大学毕业生，这些新员工以前没有缴纳过职工社会保险。这9名应届大学毕业生的个人信息如表1-2-1所示。

表1-2-1　9名应届大学毕业生的个人信息

姓名	性别	政治面貌	民族	学历	证件类型	证件号码	户籍所在地（居住地）	移动电话	应聘职务	月工资标准/元	婚姻状态
李四	女	团员	汉	高职	身份证	110106199806035000	北京市丰台区怡嘉家园3号楼10层1003室	18631238912	技术工人	3 500	未婚
林海洋	男	团员	汉	高职	身份证	110106199809052000	北京市丰台区平安小区8号楼16层1608室	15082683498	技术工人	4 000	未婚
汪建国	男	团员	汉	高职	身份证	110101199703065000	北京市西城区新福苑6号楼9层901室	15901069322	技术工人	4 000	未婚
王凤	女	团员	汉	大学本科	身份证	110107199612059000	北京市石景山区嘉义小区12号楼8层806室	18503869721	职员	5 000	未婚
刘晓萍	女	团员	汉	大学本科	身份证	110106199701267000	北京市丰台山区春秋家园1号楼17层1705室	13902867185	职员	5 000	未婚
陈钢	男	团员	汉	大学本科	身份证	110106199703162000	北京市丰台区常青苑2号楼19层1901室	18503869721	职员	5 000	未婚
张博	男	团员	汉	大学本科	身份证	110106199612091000	北京市丰台区枫林园7号楼21层2102室	13807291685	职员	5 000	未婚
陈晓斌	男	团员	汉	大学本科	身份证	110105199610213000	北京市朝阳区南湖小区5号楼15层1501室	18608195723	职员	5 000	未婚
王勇	男	团员	汉	大学本科	身份证	110105199705311000	北京市朝阳区欢乐家园6号楼16层1603室	13708286159	职员	5 000	未婚

9名大学生均上五险。

个人身份：工人；

缴费人员类别：本市城镇职工；

户口邮政编码：100000；

获取对账单方式：网上查询；

均选择的医院：协和医院、北医三院、北京人民医院、积水潭医院、空军总医院；

委托代发银行：中国工商银行丰台支行；账号：0200222109255527680；

9名大学生均为非农业户口，9名大学生中的男代表和女代表如图1-2-9和图1-2-10所示。

图1-2-9　男代表

图1-2-10　女代表

CA 证书：北京振兴科技有限公司；
密码：123456。
个人附属信息：
  婚姻状况：未婚；
  特殊标识：无；
  无北京市工作居住证、无农转工补缴单位名称、无农转非类型。
  医保个人缴费原因：新参统；
  四险个人缴费原因：新参统。

3. 住房公积金登记实训

企业名称：北京博创中联科技有限公司；
登记注册地：北京市朝阳区麒麟路 26 号；
法定代表人：刘华；身份证号：110107198506133021；电话：13745942345；
营业执照注册号：911109107109063681；
注册人：张倩；身份证号：110115199005126013；电话：13578987645；
密码：123456；
单位电子邮箱：zhangjing@163.com；
单位性质：企业；
单位隶属关系：北京市朝阳区；
单位所属行业：科技行业；
单位经济类型：有限公司；
单位开立日期：202×年 10 月 1 日；
邮政编码：100020。
公积金账户信息：
  账户名称：北京博创中联科技有限公司；
  开户银行：中国工商银行北京市通州支行；
  账号：6225887540917489588；
资金来源：单位自筹；
业务经办部门：人力资源部；
联系电话：010-67898930；
单位发薪日：1 日；
公积金首次汇缴年月：202×年 11 月；
跨年清册核定月份：次年 1 月；
业务经办机构：北京住房公积金管理中心；
经办人一信息：张倩；身份证号：110115199005126013；电话：13578987645；
经办人二信息：赵美好；身份证号：130102198506230347；电话：13398763498；
委托收款账户名称：北京住房公积金中心；
开户银行：中国工商银行；
账号：6225887542658489788；

银行交换号：1245；

支付系统号：7865；

委托收款日期：1日；

每月汇缴需要确认：是；

状态：启用。

4. 知识产权登记实训

1）商标登记实训

北京红玫瑰服饰有限公司现根据公司发展要求，要申请注册自己公司的服装商标。由于对商标注册流程不熟悉，202×年3月15日委托北京紫林财税共享中心进行商标注册，并签订了合同。共享中心员工王波根据提供的材料，汇总了以下相关信息，先进行了商标自动查询，预注册的商标名称是红玫瑰服饰。通过国家知识产权局商标局中国商标网查询，该商标的国际分类为25；类似群号为2501；查询方式是汉字。经过查询后，没有近似的商标，可以进行注册。注册需要的信息如下：

PIN码：123456；

申请人类型：法人；

代理文号：273A59；

代理机构名称：北京紫林财税共享服务中心；

代理人姓名：王波；

统一社会信用代码：91110203746BV83742；

申请人名称：北京红玫瑰服饰有限公司；

主体资格证明文件：（营业执照图略）；

申请人地址：北京市朝阳区花家地街98号安徽大厦3层；

联系人：李梅；

联系人电话：13729381745；

传真：010-65349126；

邮政编码：103200；

商标类型：一般；

是否三维标志：否；

是否颜色组合：否；

声音商标：否；

商标说明：该商标是以文字和图片组成的，红玫瑰商标象征着人的绽放，代表着柔和、艳丽，同时代表经典和时尚；商标来源于本公司设计人员的设计；

共同申请信息：否；

优先权信息：无；

商品类别：25；

添加商品：2501；

商标图样：（略）。

2）专利登记实训

202×年5月18日，北京智慧力图知识产权有限公司（以下简称力图公司）与北京紫林财税共享服务中心签订委托代理合同，合同内容是由北京紫林财税共享服务中心进行代理，对北京智慧力图知识产权有限公司的一项发明申请专利，并提供了如下信息：

（1）发明专利请求书。

内部编码：紫林－业务员（YW001）－技术员（JS001）－流程员（LC001）－时间（20200415）－序号（111）；

发明名称：一种电子零部件的密封性测试组件；

PIN 码：91110298372VB83H73；

密码：123456；

发明人：
  姓名：郑晓彬（第一发明人）；
  身份证号码：110102198206270048；
  国籍：中国；

申请人：
  名称：北京智慧力图知识产权有限公司；
  纳税识别号：91110298372VB83H73；
  邮箱：34272638@qq.com；
  手机：15788371293；
  电话：010－65832635；
  申请人类型：自然人；

已经申请减费且已完成备案。

邮政编码：101200；

国籍：中国；

地址：北京市西城区公主坟西路46号枫林大厦8层802；

联系人：刘海涛；电话：18622917382；

电子邮箱：LHT@163.com；

邮政编码：101200；

地址：北京市西城区公主坟西路46号枫林大厦8层802。

（2）代理机构。

名称：北京紫林财税共享服务中心；

机构代码：11576；

代理人：王波；

执业证号：0102837493；

电话：010－67354923；

地址：北京市西城区复兴门内大街18号凯旋大厦2层A－201室；

邮编：101100；

邮箱：ZLCS@163.com；

摘要附图：第一幅图为摘要附图（图略）；

文件清单：请求书1份、说明书摘要1份、权利要求书1份、说明书1份、说明书附图1份、专利代理委托书1份。

除以上信息外，其他信息均无。

（3）权利要求书。

一种电子零部件的密封性测试组件，包括盖子（10）和主体（30），所述锅盖（10）上设有安全阀（12）、报警阀（13）、上手柄（14）、自锁阀（15）和安全窗（16），所述锅盖（10）下侧设有橡皮圈（20），所述锅身（30）上设有下手柄（31）和辅手柄（32）；其特征在于：所述主体（30）上分别设有进气阀（33）、出气阀（34）和气压表（35），所述进气阀（33）连接过气管（40），过气管（40）上设有减压阀（50）。

（4）说明书。

一种电子零部件的密封性测试组件

❶ 技术领域：

本发明涉及一种电子零部件的密封性测试组件。用于滤波器、开关、继电器、电阻器、电感器和类似电子零部件的密封性测试。属于信息安全技术领域。

❷ 背景技术：

某些滤波器、开关、继电器、电阻器、电感器和类似电子零部件有密封性要求，按规定要在一定的压力差下测试，不发生泄漏现象。根据国内和国外的相关资料显示，没有发现检测滤波器、开关、继电器、电阻器、电感器和类似电子零部件密封性的测试组件。

❸ 发明内容：

本发明的目的是提供一种安全性有保障的滤波器及其类似电子零部件的密封性测试组件。为了达到上述目的，本发明的技术方案是提供一种电子零部件的密封性测试组件，包括锅盖和锅身，所述锅盖上设有安全阀、报警阀、上手柄、自锁阀和安全窗，所述锅盖下侧设有橡皮圈，所述锅身上设有下手柄和辅手柄；其特征在于：所述锅身上分别设有进气阀、出气阀和气压表，所述进气阀连接过气管，过气管上设有减压阀；所述锅盖上固定有盛液槽，锅盖与盛液槽之间设有橡皮垫，盛液槽中部的方形开口上依次设有钢板、密封圈、橡胶密封垫和压板，压板与盛液槽固定连接，被测器件设在密封圈与橡胶密封垫之间。

❹ 本发明专利的优点：

在规定的使用范围内，密封性实验的安全性有保障；制造成本低；方便使用，效率高。

说明书附图（略）

（5）说明书摘要。

本发明提供了一种电子零部件的密封性测试组件，其特征在于：所述主体上分别设有进气阀、出气阀和气压表，所述进气阀连接过气管，过气管上设有减压阀；所述锅盖上固定有盛液槽，锅盖与盛液槽之间设有橡皮垫，盛液槽中部的方形开口上依次设有钢板、密封圈、橡胶密封垫和压板，压板与盛液槽固定连接，被测器件设在密封圈与橡胶密封垫之间。本发明的主要特点是安全、可靠、成本低、效率高。

3）软件著作权登记实训

北京伯乐安全软件开发技术有限公司是一家开发应用软件的企业。202×年4月10日，该公司开发完成一个桌面安全管理系统软件，需要进行软件著作登记。202×年4月20日，该公司与北京紫林财税共享服务中心签订了合同，委托共享中心员工王波进行登记。

北京伯乐安全软件开发技术公司提供的相关信息如下：

用户名（企业名称）：北京紫林财税共享服务中心；

密码：123456；

（1）软件基本信息：

软件全称：桌面安全管理系统；

软件简称：桌面安全；

分类号：应用软件智能软件；

版本号：V1.0；

软件作品说明：原创；

开发完成日期：202×年4月10日；

发表状态：未发表；

开发方式：独立开发；

权利取得方式：原始取得；

权利范围：全部。

（2）软件技术特点：

❶ 硬件环境：

处理器：1 GH 或更快的处理器；

内存：1 GB（32位）或2 GB（64位）；

硬盘空间：16 GB（32位操作系统）或20 GB（64位操作系统）；

显卡：Directx9 或更高版本（包含 WDDM1.0 驱动程序）；

显示器：1 024×600 分辨率。

❷ 软件环境：

要求系统架构按照大型分布式架构设计，支持高并发、高可用的业务需求。使用微服务框架，实现系统模块灵活配置，数据动静分离；支撑大范围专业建设开课要求：Windows7 32位/4位，Windows8 32位/64位，Windows10 32位/64位，Mac OS10.10，Mac OS10.11，Mac OS 10.12。

编程语言：Java；

源程序量：200行；

主要功能和技术特点：桌面安全管理系统是一款以安全策略为中心的终端安全防护管理产品，采用了开放式 B/S 与 C/S 相互结合的体系结构和标准化数据通信方式，对局域网内部的终端安全行为进行全面监管检测并保障网络端点的安全。DSM 有多种功能，比如终端注册管理、资产安全管理、应用程序安全管理、补丁安全管理、远程维护与协助、安全检查与加固、违规外联安全管理、移动存储安全管理、强力行为审计管理、与安全设备联动等。

　　(3) 著作权人信息：

　　单位名称：北京伯乐安全软件开发技术有限公司；

　　类别：法人；

　　国籍：中国；

　　省份：北京市；

　　城市：北京市；

　　证件类型：统一社会信用代码；

　　证件号码：91113647029A73B726；

　　园区：中关村科技园区；

　　企业类别：私营企业。

　　(4) 申请办理信息：由代理人申请。

　　(5) 申请人信息：

　　单位名称：北京紫林财税共享服务中心；

　　邮政编码：101100；

　　联系人：王波；

　　电话号码：010-67354923；

　　E-mail：ZLCS@163.com；

　　手机号码：13562732874；

　　传真号码：010-67354923；

　　详细地址：北京市复兴门外大街38号枫林国际大厦5层；

　　软件鉴别材料：一般交存；一种文档。

　　(6) 要求：以王波身份进行软件著作登记。

任务评价（表1-2-2）

表1-2-2　任务评价

共享服务平台工作任务清单	完成情况			
	已完成			未完成
	配分	扣分	用时	（备注）
税务登记				
社会保险登记				
住房公积金登记				
商标登记				
专利登记				
软件著作权登记				

工作领域小结

学生通过了解《中华人民共和国公司法》《中华人民共和国税收征收管理法》《全国社会保障基金条例》等相关法律法规的内容，以共享服务中心管家的身份在智能财税"政务仿真"操作平台协助股东创立企业及办理业务筹备的相关登记文件；从企业的设立、变更及注销手续入手，到创办时首次办理税务登记、社保登记和单位住房公积金网上开户事项，最后学习企业可能涉及的商标、专利、软件著作权的申请流程。

本领域的内容涉及范围较广，学生要在掌握本领域的实训平台操作方法后，多关注国家政策，增长见识，开阔眼界，为将来的学习和工作打下基础。

工作领域一知识要点如图1-2-11所示。

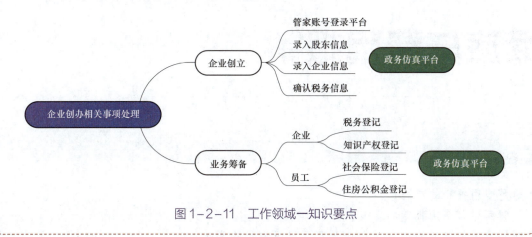

图1-2-11　工作领域一知识要点

实施效果检测

实施效果检测

工作领域二

商旅与费用报销

> 知识目标

1. 熟悉费用报销的流程;
2. 了解商旅与费用报销的场景;
3. 理解采用智能商旅前后对企业及不同层级雇员的影响;
4. 掌握商旅与费用报销的会计处理及常见旅客运输服务的税费抵扣政策。

> 技能目标

工作领域	工作任务	技能点	重要程度
商旅与费用报销	接单与初始设置	进行机票标准的设置	★★★☆☆
		进行酒店标准的设置	★★★☆☆
		进行火车票标准的设置	★★★☆☆
		进行差补标准的设置	★★★☆☆
	商旅业务处理	填写并提交出差申请单	★★★★☆
		查询并审核出差申请单	★☆☆☆☆
		机票、火车票、酒店的预订及订单查询	★★☆☆☆
	费用审核与报销	报销申请单的填写	★★★★★
		报销申请单的审核及放款	★☆☆☆☆

> 素养目标

1. 培养学生遵守会计准则、法律法规及企业规章的习惯；
2. 培养学生理论联系实际、注重实效的工作作风；
3. 培养熟悉企业费用管理制度，严格实施会计监督的职业操守。

任务 1　接单与初始设置

任务导入

202×年，绿宥集团智能财税共享服务中心设立，准备将费用报销纳入首批财务共享服务的范畴。王欣任职于此，从事财税主管的相关工作。现急需根据公司的制度规定和要求，在商旅系统中进行商旅费标准的设置。她应该如何处理？

任务分析

1. 需要明确各企业设定费用标准的区别；
2. 作为智能财税共享服务中心的财税主管，应明确如何根据公司章程和财务制度的规定进行商旅费用的初始设置；
3. 业务类型设置包括地区级别、交通工具、休息日及报销标准等。

相关知识

一、费用报销的流程（Expenses Reimbursement Process）

1. 传统费用报销的流程

传统费用报销的一般流程如图2-1-1所示。

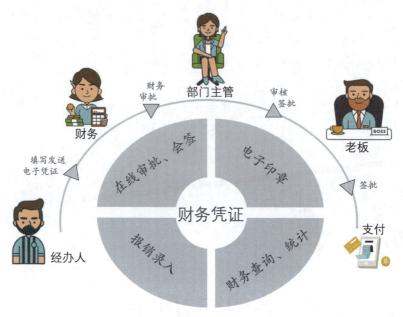

图 2-1-1　传统费用报销的一般流程

（1）员工发起报销申请，并进行填单和贴票等工作；

（2）审核人员（财税主管及老板）对该报销是否合理进行审批；

（3）业务财务岗（费用会计、应付会计及出纳）进行财务审批，主要审核票据的真实性、合法性，以及报销是否符合企业财务制度的要求，并进行费用报销及账务处理。

2. 智能财税社会共享后费用报销的流程

在商旅业务中，企业员工通过商旅平台进行差旅申请并取得相关领导审批，商旅服务平台根据预置规则和预算进行供应商选择并自动派单。出差完毕，将差旅费报销单扫描上传到系统，共享中心根据差旅凭证和事先内置的审批流程进行财务复核审批，系统内部自动结账，相关会计凭证自动生成，共享中心根据凭证进行结算支付。商旅平台能够进行全流程标准管理和个性化管理，提供多维度预订。通过系统生成执行分析报表，可与企业预算系统对接，实现预算数据互联互通，进行差旅费用管控。

二、差旅费用报销的场景（Scenario of Travel Expense Reimbursement）

1. 员工直接报销

当费用发生时，先由员工垫资；费用发生后，由员工自己登录报销系统、录入报销单据；报销完成后，企业将报销款支付给员工。

2. 员工借款报销

费用发生前，员工申请从企业借款；费用发生时，员工付款；费用发生后，员工登录报销系统，在录入单据时选择是否冲借款；报销完成后，如果选择了冲借款，则先用报销款来冲借款，报销款余额（若有的话）支付给员工。

3. 先申请再报销

企业为了达到费用事前控制的目的，要求在某些费用项目上必须先申请、后办理业务，若未经申请就进行费用支出，则企业不予报销。这种场景可能用于如下费用预算情形：

（1）企业在年初只做大的费用预算，在业务发生时再申请明细费用额度。

（2）企业费用预算中未包括的费用项目，在业务发生时需另申请费用额度。

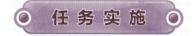

一、实施场景

以 1+X 智能财税等级证书考证平台社会共享中级外包服务里的工作领域一为例：
深圳助学信息科技有限公司（简称助学科技）主要从事软件开发和信息技术服务工作。

1. 公司基本情况

公司名称：深圳助学信息科技有限公司；

会计准则：2007 企业会计准则；

建账会计期：2020 年 11 月；

统一社会信用代码（纳税人识别号）：91410301355873469M；

纳税人类型：一般纳税人；

法人代表：刘宇；

经营地址：深圳市福田区技术开发区 66 号；

电话：0755-86556688；

开户行：工商银行深圳市福田支行（基本存款账户）；

开户行银行账号：6222002××××××××0199；

E-mail：zxkj@yh.com.cn；

记账本位币：人民币；

人民币单位：元；

行业：软件信息；

类型：中型企业。

2. 机构设置

公司设立总经办（即总经理办公室）、市场营销、人事部、财务部 4 个部门，部门及职员信息如表 2-1-1 所示。

表 2-1-1　部门及职员信息

编号	姓名	所属部门	级别	身份证号	手机号	雇佣时间
101	李于天	总经办	1 级	120101199003118257	18610672274	2019 年 4 月 1 日
201	周瑞博	市场营销	2 级	120101199001042325	13822632121	2019 年 4 月 1 日
202	朱治国	市场营销	3 级	120101199003105321	18890243401	2019 年 4 月 1 日

续表

编号	姓名	所属部门	级别	身份证号	手机号	雇佣时间
301	刘凡	人事部	2级	120101199003030654	13833689089	2019年4月1日
302	王鑫	人事部	3级	120101199011079018	13300971054	2019年4月1日
401	胡凯	财务部	2级	120010199001070021	15645262524	2019年4月1日
402	车森	财务部	3级	120101199003141350	18755460001	2019年4月1日
403	张明	财务部	3级	110102199209283003	18600007777	2019年4月1日

3. 差旅费管理办法

（1）餐饮补助按出差自然（日历）天数计算，按照每人每天80元包干使用。

（2）交通补助是指工作人员因公出差期间发生的市内交通费用，按出差自然（日历）天数计算，每人每天20元包干使用。

（3）出差人员应根据职级类别按规定乘坐相应交通工具（火车、国内航线飞机），凭票据报销城市间交通费，具体标准如表2-1-2所示。

表2-1-2　出差交通标准

序号	职级	火车可选座位	飞机可选舱位
1	1级	硬座/软座/硬卧/软卧/高级软卧/一等软座/二等软座/商务座/高级动卧/特等软座/动卧/一等卧/二等卧/一等座/二等座/特等座/无座	经济舱/超级经济舱/公务舱/头等舱
2	2级	硬座/软座/硬卧/软卧/一等软座/二等软座/一等座/二等座/无座	经济舱/超级经济舱/公务舱
3	3级	硬座/软座/硬卧/二等软座/二等座	经济舱/超级经济舱

（4）出差人员应根据职级类别按规定选择住宿酒店标准，在限额标准内据实报销，具体标准如表2-1-3所示。

表2-1-3　出差住宿酒店标准　　　　　　　　　　　　　　　元

序号	职级	城市级别	酒店价格
1	1级	一线城市	750
2	1级	二线城市	700
3	1级	三线及以下	600
4	2级	一线城市	600
5	2级	二线城市	550
6	2级	三线及以下	450
7	3级	一线城市	450
8	3级	二线城市	400
9	3级	三线及以下	300

（此处金额按降序排列）

二、实施要求

202×年11月份,深圳助学信息科技有限公司管理层要求通过系统管理差旅费标准与报销,系统对超标预订进行提示,控制报销成本。根据上述相关信息,完成差旅费报销标准的设定(设定出差交通标准、出差住宿标准及出差补助标准)。

差旅费用处理流程

三、实施步骤

接单与初始设置的操作流程如图2-1-2所示。

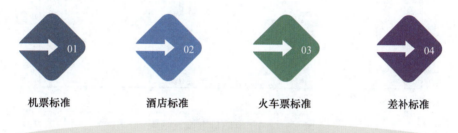

图2-1-2 接单与初始设置的操作流程

具体操作步骤如下:

(1)点击"开始练习",进入商旅费控平台。

(2)点击左侧"设置"菜单,并通过点击右上方"新增"按钮,依次进行机票标准、酒店标准、火车票标准以及差补标准的设置,设置结果如图2-1-3~图2-1-6所示。

图2-1-3 机票标准设置结果

(此处金额按升序排列)

图2-1-4　酒店标准设置结果

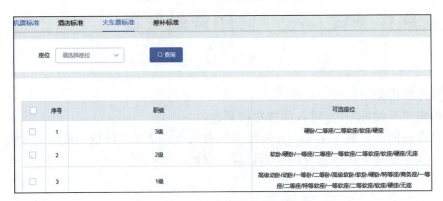

图2-1-5　火车票标准设置结果

序号	职级	金额(元/天)
1	3级	100
2	2级	100
3	1级	100

图2-1-6　差补标准设置结果

四、课堂实训

请根据以下相关信息在商旅费控模块中进行设置:

(1) 出差人员应根据职级类别按规定乘坐相应交通工具(飞机、火车),凭票据报销城市间交通费,如表 2-1-4 和表 2-1-5 所示。

表 2-1-4 差旅交通工具标准(航空)

序号	职级	航空旅客运输可选舱位
1	3级	经济舱/超级经济舱/公务舱/头等舱
2	2级	经济舱/超级经济舱/公务舱
3	1级	经济舱/超级经济舱

表 2-1-5 差旅交通工具标准(铁路)

序号	职级	铁路旅客运输可选座位
1	3级	硬座/软座/硬卧/软卧/二等座/一等座/商务座
2	2级	硬座/软座/硬卧/软卧/二等座/一等座
3	1级	硬座/软座/硬卧/二等座

(2) 出差人员应根据职级类别按规定选择差旅住宿酒店标准,如表 2-1-6 所示,在限额标准内据实报销。

表 2-1-6 差旅住宿酒店标准   元

序号	职级	城市级别	酒店价格
1	3级	一线城市	600
2	3级	二线城市	500
3	3级	三线及以下	400
4	2级	一线城市	500
5	2级	二线城市	400
6	2级	三线及以下	300
7	1级	一线城市	400
8	1级	二线城市	300
9	1级	三线及以下	200

(3) 出差人员可按职级报销差旅补助,如表 2-1-7 所示。

表 2-1-7 差旅补助标准   元

序号	职级	差旅补助金额
1	3级	120
2	2级	100
3	1级	80

（4）设置出差人员对应职级，如表2-1-8所示。

表2-1-8　人员职级

序号	员工姓名	所属部门	职级
1	王一	销售部	1级
2			
⋮			

任务评价（表2-1-9）

表2-1-9　任务评价

共享服务平台工作任务清单	完成情况			未完成（备注）
	已完成			
	配分	扣分	用时	
根据企业规章制度，在商旅费控平台进行机票标准的设置				
根据企业规章制度，在商旅费控平台进行酒店标准的设置				
根据企业规章制度，在商旅费控平台进行火车票标准的设置				
根据企业规章制度，在商旅费控平台进行差补标准的设置				

任务2　商旅业务处理

任务导入

202×年，绿荟集团智能财税共享服务中心设立，准备将费用报销纳入首批财务共享服务的范畴。财税主管王欣已在商旅系统中设置好了商旅费标准。现在绿荟集团智能财税共享服务中心的一名员工需要出差，该如何在商旅平台实现出差申请、预订机票、酒店及最终费用报销等全部流程的一站式服务？

任务分析

要理清商旅平台的设计机理和逻辑,需注意以下几点:

1. 需要填写并提交出差申请单;
2. 经审批允许后,方可直接在该系统内链接进入相关网站,进行机票、火车票及酒店的预订;
3. 将出差期间获取的各类费用凭证上传系统以供审核报销。

相关知识

一、财务共享前商旅费用报销的问题(Financial Sharing Before Business Travel Expenses Reimbursement Issues)

任务 1 中的费用报销流程代表了传统费用报销流程,在费用控制与管理方面存在如下问题:

1. 费用报销慢,效率和服务水平低

1)填报不规范、报销不及时

由于是全员根据实际消费的各种原始凭证人工填制报销单,在企业实务中报销工作往往要耗费报销人的大量时间。而普通员工又很难具备专业的财务和税务知识,从费用项目、交易类型的选择到实名制长途交通票据的增值税计算抵扣,对于普通员工都是报销单填制难点,因此容易造成报销单因填报不规范而被驳回、重新填写的问题,这会进一步降低费用报销的流程效率。

2)审批环节多,审批周期长,审批责任不明确

从业务单元可能存在的多级业务审批、财务审批,到财务共享服务中心审核,审批周期比较长,而不同审批环节审批的要点与职责区分并不明确。

3)报销单据需要人工校验

传统费用报销流程虽然有了事前申请,但报销单所附原始凭证大多还是实报实销,即事后根据实际发生并取得的物理原始凭证进行报销单填报。物理凭证的合法性、合理性都需要各审批环节人工审核,审核效率低,还容易出现人为差错。

2. 费用管控落后,管控弱

1)费用管控依靠人工

由于没有信息系统的支持,业务负责人事前审批费用申请时无法准确掌握费用预算及预算执行结果的数据,只能由人来主观控制。而业务负责人出于对业务经营结果的担心,一般情况下审批员工差旅申请时只看重出差事项、不太看重费用预算以及费用标准的管控。

2)预算无法实现事前管控

商旅预订大部分由员工自主完成,在报账后才审核预订结果,对差旅预订过程无管控,

很多超预算、超标准的商旅费用，出于各种原因和各类超标理由，往往都能获得高层领导的特批而依然得以报销。

3. 数据信息不对称，风险高

1）业务数据真实性难以验证，增加财务风险

费用报销流程中的审核人员仅能审核原始凭证，对于原始凭证的业务发生和金额真实性无法验证，企业会面临员工虚假报销的风险。

2）报表数据不及时、不准确，增加管理风险

手工报销的数据滞后，无法在费用发生后及时进行数据分类汇总、发现风险并恰当应对，企业费用管理风险增加。

4. 信息不完整，难以及时管理

1）无法及时准确了解费用支出细节

只有代表费用发生结果的原始凭证（如出差地发生的出租车票），没有反映费用发生情况等数据的原始凭证（如上下车地点是否与出差目的相关等）。

2）难以对费用发生过程进行管控

除了事前商旅出差申请审批外，商旅过程中费用的发生不受企业控制，企业只有在员工事后报销时才能知道费用发生的项目和金额。

> **知识链接**
>
> 根据艾瑞咨询《2019年中国商旅管理市场白皮书》显示，2018年中国商旅管理市场的交易规模为2 261.2亿元，差旅费用高达2.4万亿元，占据了全球差旅费用支出的25%。然而，根据商务旅行和商务会议组织全球商务旅行协会（Global Business Travel Association，GBTA）2018年的统计显示，中国商旅管理的理念渗透率平均系数为7%，而欧美企业的平均值为25%。商旅成本已成为企业运营管理中仅次于人力成本的第一大可控成本。如何智能化改变商旅，让出行更高效、让服务更便捷，已是企业商旅及报账服务的新趋势。

二、商旅服务创新的动因（Motivation of Business Travel Service Innovation）

> **课程思政**
>
> 通过了解财务共享前商旅费用报销存在的问题及其改革动因，帮助学生树立财务风险意识和全面性预算管理理念。

1. 企业内生资金管理的变革

传统的商旅预订，都是由员工先行垫资、事后报销收款，尤其是随着信用卡、花呗等

各种个人信用消费手段的普及，员工借款报销的情况日益减少。由于第三方商旅服务平台的出现，开始出现了由员工垫资向企业垫资（企业在商旅服务平台上预存资金、员工用雇主企业预存资金进行商旅预订）转变，进而向商旅服务商垫资（商旅服务平台向雇主企业提供信用融资、双方定期结算企业员工的商旅预订订单）转变。

2. 新技术带动企业商业模式创新

云计算、大数据、移动互联网、人工智能等技术变革，带动了商业创新。

1）社会化商业模式的发展

社会化商业模式，是指企业间通过连接、协同、共享，实现跨企业、社会化分工，共同创造和分享价值的商业模式。

2）平台型企业的繁荣

通过共享经济的发展，催生了众多平台型企业的诞生和发展。

3）交易平台化、金融泛在化

互联网金融的发展除了推动交易平台化以外，还推动了金融泛在化，即在交易或价值链的任意环节都能伴生金融服务。

4）数据驱动型企业和数字企业的涌现

数据驱动型企业，是指将数据作为生产要素，创造价值的企业，大数据技术催生了数据驱动型企业；数字企业，又称虚拟企业，是指将有形企业映射到无形的、虚拟的网络之中，形成一个与现实企业相对应的、密切相连的，其功能又能够局部或全部模拟企业行为的系统，而社会化商业模式的普及会让所有企业都在向数字企业转型。

> **课程思政**
>
> 通过学习财务共享后商旅费用的处理流程，深刻体会创新引领科技、科技改变生活的情境，培养学生科技强国的意识。

三、财税共享后的商旅费用日常管理（Daily Management of Business Travel Expenses After Tax Sharing）

财税共享后的商旅费用管理，是指企业在专业商旅管理服务团队的协助下对差旅活动进行整体规划、全面执行监控、优化差旅管理流程与政策、整体采购资源，从而在不影响业务开展和出行体验的前提下，降低企业商旅成本并提高员工出行效率。财税共享中心通过商旅平台，能够实现差旅费用的精细化管理，加强差旅费用管控，提高员工对商旅费用报销的满意度。

财税共享中心通过商旅服务平台实现对客户企业的商旅费用业务处理与管理。在商旅服务平台上，客户企业员工通过PC或手机APP随时随地进行差旅费用申请，预订酒店、机票、车票等，并完成发票识别查验，企业在平台上完成审批、审核，财税共享服务中心通过平台系统完成复核、费用支付、记账及费用分析等，使得商旅费用采购结算更加便捷高效。智能商旅采用前后对企业及不同层级雇员的影响如表2-2-1所示。

表2-2-1 采用智能商旅前后对企业及员工的影响

	采用前	采用后
企业	企业差旅费用居高不下，费用管控力度低；企业的差旅报销制度不能很好落实；企业的报销流程烦琐，员工满意度低	移动互联网时代的智能商旅及报账服务连接社会化服务资源，企业可以自行设置差旅规则，对差旅申请、审批、预订、支付和报销等差旅全流程进行自动化管理
普通员工	报销差旅费用时，每次都要填写厚厚一沓的报销单据；完成一次费用报销，需要拿着单据逐个找领导审批，审批领导经常出差、开会，个人垫付资金，报销不及时	员工管理个人商务旅行，随时随地进行出差申请、商旅及出行预订、差旅费用报销等，全部使用线上应用，提高工作效率；员工免除垫付资金，不需要贴票报销，商旅报账方便快捷，提高员工满意度
部门经理	不能及时了解费用预算执行情况及剩余额度；审核财务费用时，不能及时获得合法数据或相关材料的支持	及时审批员工差旅申请，实时掌握费用预算达成情况；提升管理水平，提高部门管理满意度，实现管理升级
财务人员	员工单据填写不规范；报销审核工作占用大量时间，票据审核困难；无法掌控各项目、各部门以及异地分公司的费用发生情况；企业财务制度难以落实，员工出差商旅预订五花八门，缺少费用报销制度的监管	简化财务核算，极大提升财务效率；有效管理员工差旅行为和差旅费用；帮助企业优化差旅管理规范和流程，将差旅管理规范化、信息化，提高企业的专业形象；提高差旅透明度和合规性，更好地进行预算规划、费用管控
企业领导层	不清楚公司的费用支出是否合理，是否带来相匹配的效益；费用管理中肯定有疏漏现象，费用居高不下，成本难以降低；不能按照企业内部管理的要求获取准确的费用分析数据	有效地了解员工差旅行为、企业费用支出情况；为企业优化差旅制度、预算规划、员工行为管理、费用控制等提供决策依据

◎ 任务实施 ◎

一、实施场景

承接任务1的案例，11月5日，公司财务部员工张明申请去北京出差，按照公司要求，填写出差申请单：

出差人：张明；

出差事由：财务制度培训会议；

出差类型：培训出差；

出差日期始：2020年11月5日；

出差日期止：2020年11月10日；

出发地：深圳至北京；

费用归属：财务部；

交通工具：飞机；

住宿：酒店。

按照公司标准在商旅平台上订票出行。

（1）2020年11月5日深圳→北京，采用公司月结方式支付；

（2）2020年11月10日北京→深圳，采用公司月结方式支付；

（3）2020年11月5日—2020年11月10日住在北京西站南广场亚朵酒店（到店时间：22:00—23:59），采用公司月结方式支付。

二、实施要求

（1）在智能商旅系统填写出差申请单，并进行审核；
（2）通过智能商旅系统预订机票和酒店。

三、实施步骤

差旅费用处理流程

商旅业务处理的操作流程如图2-2-1所示。

图2-2-1 商旅业务处理的操作流程

具体操作步骤如下：

（1）进入商旅费控平台的首页，点击右侧"我要出差"，准备填写"出差申请单"，如图2-2-2所示。

图2-2-2 出差申请单入口

（2）根据任务场景的描述，填写"出差申请单"，并"保存""提交"，填写结果如图2-2-3所示。

图2-2-3 出差申请单填写结果

（3）提交后的出差申请单即显示在商旅费控平台首页左侧的"单据"菜单栏里，如图2-2-4所示。

图2-2-4　出差申请单查询

（4）点击左侧"审批"菜单，找到对应的单据并进行"审批"，如图2-2-5所示。再点击"同意"，该单据的审核状态即可变成"已同意"。

图2-2-5　出差申请单审批

（5）完成出差审批流程后，即可返回首页预订机票和酒店。在预订机票和酒店时，注意张明的费用标准。根据任务1当中的任务场景描述，张明属于3级人员，因此可乘坐经济舱和超级经济舱，酒店价格参照一线城市（北京）的标准不能超过450元。遵循上述标准后，即可在该范围内预订机票和酒店，搜索及预订方式与在携程等APP上一样，这里不再赘述。订机票期间的操作如图2-2-6～图2-2-8所示，支付订单的方式选择"公司月结"。订酒店时搜索"北京西站南广场亚朵酒店"后，选择价格为450元的雅致房，并完善预订信息，如图2-2-9所示，再点击"提交订单"，同样在支付订单时选择"公司月结"，即完成了机票和酒店的网上预订。预订成功后的信息可在首页右下方的"订单管理"框中进行分类查看。

图2-2-6　搜索往返机票

图 2-2-7　往返机票订单提交

图 2-2-8　往返机票订单支付

图 2-2-9　酒店订单提交

四、课堂实训

承接任务 1 的课堂实训，202×年 9 月 12 日，公司销售部员工王一申请去杭州出差，按照公司要求，填写出差申请单。

出差人：王一；

出差事由：新产品上市推广会；

出差类型：培训出差；

出差日期始：202×年 9 月 14 日；

出差日期止：202×年 9 月 18 日；

出发地：南京至杭州；

费用归属：销售部；

交通工具：高铁；

住宿：酒店。

按照公司标准在商旅平台上订票出行。

（1）202×年 9 月 14 日南京→杭州，采用公司月结方式支付；

（2）202×年 9 月 18 日杭州→南京，采用公司月结方式支付；

（3）202×年 9 月 14—18 日住在杭州西湖文化广场亚朵酒店，采用公司月结方式支付。

任务评价（表 2-2-2）

表 2-2-2 任务评价

共享服务平台工作任务清单	完成情况			未完成
	已完成			
	配分	扣分	用时	（备注）
填写并提交出差申请单				
查询并审核出差申请单				
在商旅费控平台进行机票、火车票及酒店的预定，并能查询到预订成功的订单				

费用审核与报销

任务导入

202×年,绿肴集团智能财税共享服务中心设立,准备将费用报销纳入首批财务共享服务的范畴。现在绿肴集团智能财税共享服务中心有一名员工从外地出差回来,拿着一堆票据(火车票、住宿发票、培训费发票、餐饮发票和出租车发票等)准备找财务报销,可他只知道"从填写报销单到票据粘贴,最后找各有关部门及负责人签字审核"这一烦琐的传统报销流程。那么,在财税共享服务中心对费用报销进行改革的环境背景下,他如何在智能商旅平台进行操作呢?

任务分析

(1)指导员工将出差期间获取的各类费用凭证上传系统以供审核报销;
(2)财务也可直接据此对商旅费用进行账务处理。

相关知识

一、商旅费用的内容及相关票据(Contents of Business Travel Expenses and Related Bills)

商旅费用是指因办理公务出差期间产生的交通费、住宿费和公杂费等各项费用。商旅费用是行政事业单位和企业的一项重要的经常性支出项目,一般包括交通费、出租车费、住宿费、差旅补助、订票订宿费等。常见的差旅费用分类如表2-3-1所示。

表2-3-1 常见的差旅费用分类

费用类别	基本含义	取得票据
交通费	出差过程中发生的公共交通以及相关手续费	公交车票、乘车记录等
出租车费	出差过程中发生的出租车费	出租车票

续表

费用类别	基本含义	取得票据
住宿费	出差过程中发生的住宿费	住宿发票
差旅补助	出差补助	—
订票订宿费	出差过程中预订车票、酒店的费用	订票订宿发票

课程思政

在认识识别商旅费用相关票据并进行会计处理的过程中，培养学生实事求是、准确无误、科学严谨的工作作风。

二、商旅费用的会计处理（Accounting Treatment of Business Travel Expenses）

在会计处理中，财税共享服务中心的工作人员应注意重点复核以下几个方面：

1. 审核票据的真实性、有效性

如查原始单据上是否有盖章，是否合法有效；另外，看金额是否一致，票面上该填写的内容是否齐全。

2. 审核出行线路、出行时间、出行人数

审核出行线路、出行时间、出行人数是否与本单位审批结果一致；票据的数量、时间与路程的连续性等是否吻合。

3. 复核系统给出的出差补助标准是否正确

商旅业务结束，系统会生成对应的会计凭证。一般而言，在共享平台上生成的会计分录为：

借：管理费用——差旅费
　　应交税费——应交增值税（进项税额）
　贷：银行存款

知识链接

由于商旅费用中会出现大量交通费用，现将旅客运输服务的抵扣政策进行总结。《财政部税务总局海关总署关于深化增值税改革有关政策的公告》（财政部税务总局海关总署公告2019年第39号）规定，纳税人购进国内旅客运输服务，其进项税额允许从销项税额中抵扣。根据规定，旅客运输服务自2019年4月1日起可以抵扣进项税额。具体的抵扣政策如表2-3-2所示。

表 2-3-2　国内旅客运输服务的抵扣政策

取得的抵扣凭证	抵扣政策
增值税电子普通发票	发票上注明的税额（凭票抵扣）
注明旅客身份信息的航空运输电子客票行程单	（票价+燃油附加费）÷（1+9%）×9%
注明旅客身份信息的铁路车票	票面金额÷（1+9%）×9%
注明旅客身份信息的公路、水路等其他客票	票面金额÷（1+3%）×3%

任务实施

一、实施场景

承接任务 2 的案例，2020 年 11 月 11 日，张明出差回来，现想对出差期间产生的费用申请报销。其持有的出差票据如图 2-3-1～图 2-3-3 所示。

图 2-3-1　出差票据①

图 2-3-2　出差票据②

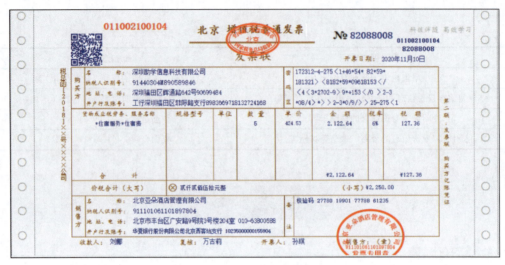

图 2-3-3 出差票据③

二、实施要求

根据实际情况在智能商旅系统填写报销申请单,相应人员审核并放款。

三、实施步骤

费用审核与报销的操作流程如图 2-3-4 所示。

差旅费用处理流程

图 2-3-4 费用审核与报销的操作流程

具体操作步骤如下:

(1) 进入商旅费控平台的首页,点击右侧"我要报销",准备填写"报销申请单"。

(2) 点击右上角的"新增报销",勾选相应的出差申请单后点击"确定",如图 2-3-5 所示。

(3) 根据实际情况填写报销申请单。

首先,填写基本信息,如图 2-3-6 所示。

其次,进行费用明细的添加,点击"添加费用",逐笔选中行程单和住宿发票,并进行票据信息的填写,如图 2-3-7 所示。填写完成后点击"确定",完善费用明细信息。同理,完成另一张行程单的添加和住宿发票的添加,填写住宿发票的信息,结果如图 2-3-8 所示。

图 2-3-5 新增报销

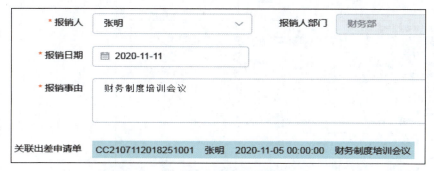

图 2-3-6 填写报销申请单基本信息

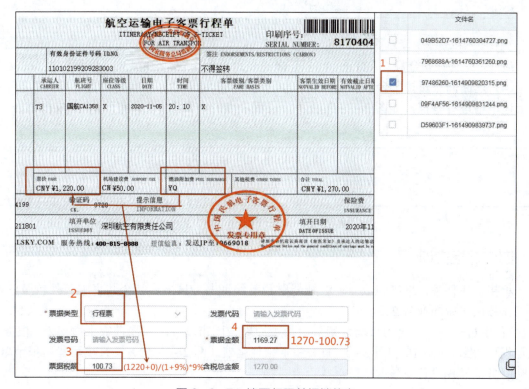

图 2-3-7 填写行程单报销信息

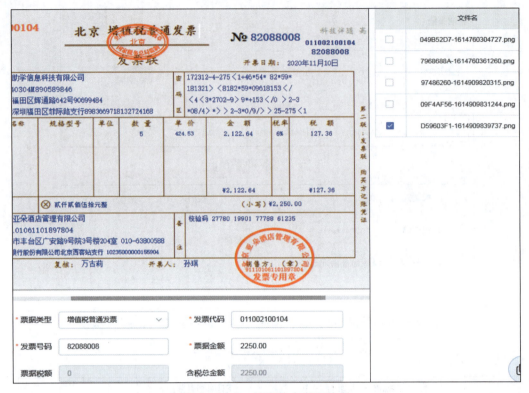

图 2-3-8 填写住宿发票信息

最后,完善补助金额,天数录入"6",报销金额总计 5 390 元,点击"保存"并"提交"。

(4)返回商旅费控平台首页,点击左侧"审批>报销申请"菜单,点击"审批"按钮,对上述申请进行审核,如图 2-3-9 所示。最后,点击"同意""放款",即完成报销。

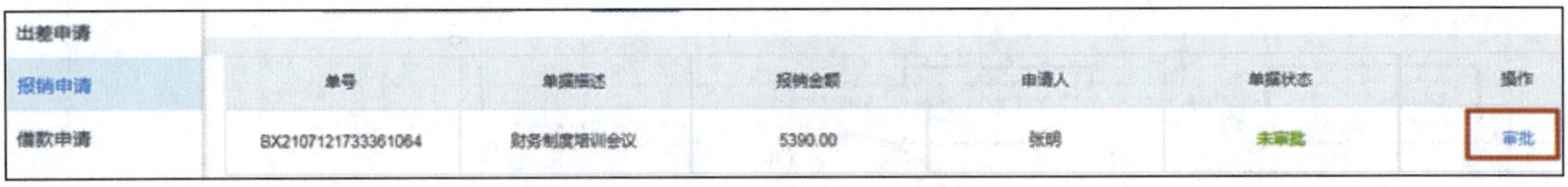

图 2-3-9 报销申请单审批

四、课堂实训

承接上述任务,继续完成 1+X 智能财税等级证书考试平台社会共享中级外包服务里的工作领域一中的业务 2。

11 月 11—12 日,公司市场营销部门员工周瑞博因市场开拓需要前往上海出差,根据 2 张行程单(图 2-3-10 和图 2-3-11)和 1 张住宿费(图 2-3-12)发票填写费用报销单,提交财务部经理进行审核并放款。

航空运输电子客票行程单
ITINERARY/RECEIPT OF E-TICKET FOR AIR TRANSPORT

印刷序号：SERIAL NUMBER: 47131010113

旅客姓名 NAME OF PASSENGER	有效身份证件号码 ID.NO.	签注 ENDORSEMENTS/RESTRICTIONS (CARBON)
周瑞博	120101199001042325	不得签转

	承运人 CARRIER	航班号 FLIGHT	座位等级 CLASS	日期 DATE	时间 TIME	客票级别/客票类别 FARE BASIS	客票生效日期 NOT VALID BEFORE	有效截止日期 NOT VALID AFTER	免费行李 ALLOW
自 FROM 深圳	T3	国航CA1894	X	2020-11-11	11:15	X			20K
至 TO 上海	T2								
至 TO									
至 TO									
至 TO									

票价 FARE CNY ¥1,240.00　机场建设费 AIRPORT TAX CN ¥50.00　燃油附加费 FUEL SURCHARGE YQ　其他税费 OTHER TAXES　合计 TOTAL CNY ¥1,290.00

电子客票号码 E-TICKET NO. 880054669865　验证码 CK. 9875　提示信息 INFORMATION　保险费 INSURANCE XXX

销售单位代号 AGENT CODE. SZ365　填开单位 ISSUED BY 深圳航空服务有限公司　填开日期 DATE OF ISSUE 2020年11月11日

验真网址：WWW.TRAVELSKY.COM　服务热线：400-815-8888　短信验真：发送JP至10669018

付款凭证 RECEIPT　手写无效 INVALID IN HANDWRITING

图 2-3-10　行程单①

航空运输电子客票行程单
ITINERARY/RECEIPT OF E-TICKET FOR AIR TRANSPORT

印刷序号：SERIAL NUMBER: 61345131405

旅客姓名 NAME OF PASSENGER	有效身份证件号码 ID.NO.	签注 ENDORSEMENTS/RESTRICTIONS (CARBON)
周瑞博	120101199001042325	不得签转

	承运人 CARRIER	航班号 FLIGHT	座位等级 CLASS	日期 DATE	时间 TIME	客票级别/客票类别 FARE BASIS	客票生效日期 NOT VALID BEFORE	有效截止日期 NOT VALID AFTER	免费行李 ALLOW
自 FROM 上海	T2	国航CA1893	X	2020-11-12	07:10	X			20K
至 TO 深圳	T3								
至 TO									
至 TO									
至 TO									

票价 FARE CNY ¥530.00　机场建设费 AIRPORT TAX CN ¥50.00　燃油附加费 FUEL SURCHARGE YQ　其他税费 OTHER TAXES　合计 TOTAL CNY ¥580.00

电子客票号码 E-TICKET NO. 880054669823　验证码 CK. 9912　提示信息 INFORMATION　保险费 INSURANCE XXX

销售单位代号 AGENT CODE. SH226　填开单位 ISSUED BY 深圳航空服务有限公司　填开日期 DATE OF ISSUE 2020年11月12日

验真网址：WWW.TRAVELSKY.COM　服务热线：400-815-8888　短信验真：发送JP至10669018

付款凭证 RECEIPT　手写无效 INVALID IN HANDWRITING

图 2-3-11　行程单②

031002000104

上海增值税普通发票

发票联

№ 15477693　031002000104　15477693

开票日期：2020年11月12日

购买方	
名称	深圳助学信息科技有限公司
纳税人识别号	91440304M685937070
地址、电话	深圳福田区扬帝路438号96716142
开户行及账号	工行深圳福田区纳文路支行6836142051239044255

密码区：172312-4-275<1+46*54* 82*59* 181321><8182*59*09618153</ <4<3*2702-9>9*+153</0>2-3 *08/4>*>>2-3*0/9/>>25-275<1

货物或应税劳务、服务名称	规格型号	单位	数量	单价	金额	税率	税额
*住宿服务*住宿费			1	200.00	200.00	6%	12.00
合计					¥200.00		¥12.00
价税合计（大写）	⊗贰佰壹拾贰元整				（小写）¥212.00		

销售方	
名称	上海梧桐树酒店
纳税人识别号	911023948746382BN4
地址、电话	上海市徐汇区东大街5号021-67534872
开户行及账号	中国工商银行上海浦东大街支行0200222109200092718

备注

收款人：王丽丽　复核：青泉　开票人：李瑞　销售方：（章）

第二联：发票联　购买方记账凭证

税总函[2018]××号×××××公司

图 2-3-12　住宿费发票

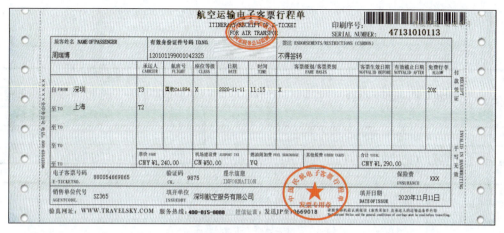

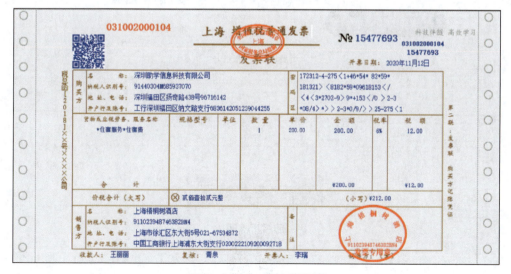

任务评价（表2-3-3）

表2-3-3　任务评价

共享服务平台工作任务清单	完成情况			未完成
	已完成			
	配分	扣分	用时	（备注）
填写并提交报销申请单				
查询并审核报销申请单				
对审核无误的商旅事项进行放款				

工作领域小结

通过系统梳理费用报销的流程，学生要深刻体会采用智能商旅系统后的便携性和高效性，同时学会如何根据企业内控制度及财务规章制度在商旅费控平台进行基础设置，主要设置内容包括出差交通标准、出差住宿标准及出差补助标准三个部分；能熟练地进行出差申请的提交以及酒店、机票、车票的预订；出差结束后，能及时自行在线上填写报销申请单。此外，作为将来可能从事业务财务岗或财税主管岗的同学来说，还需要掌握各类申请单的查询、审核以及放款方式。

工作领域二知识要点如图2-3-13所示。

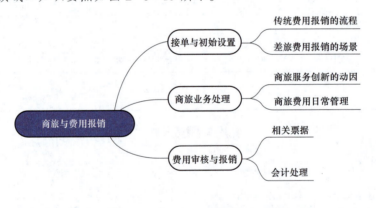

图2-3-13　工作领域二知识要点

实施效果检测

实施效果检测

工作领域三

票据开具与整理

> 知识目标

1. 了解增值税发票的种类；
2. 了解电子发票和纸质发票的区别；
3. 掌握票据的分类；
4. 掌握票据审核的基本内容。

> 技能目标

工作领域	工作任务	技能点	重要程度
票据开具与整理	为具有开票资格的纳税人代开发票（票天下平台）	发票领购	★★☆☆☆
		密码、开票额度的查询与修改	★☆☆☆☆
		客户及商品信息维护	★★★☆☆
		发票开具	★★★★★
		发票的查询、作废与冲红	★★★☆☆
	为无开票资格的纳税人代开发票（政务仿真平台）	填写代开增值税发票缴纳税款申报单	★★★★☆
		网上预缴税款	★☆☆☆☆
		发票寄送	★☆☆☆☆

续表

工作领域	工作任务	技能点	重要程度
票据开具与整理	票据的整理与审核	票据采集	★★☆☆☆
		票据分类	★★★☆☆
		对票据信息进行修改并查验	★★★★★

素养目标

1. 熟悉岗位职责，增强工作责任心；
2. 培养学生严肃认真、严谨细致的工作态度。

为具有开票资格的纳税人代开发票

任务导入

紫馨财税有限公司是一家智能财税社会共享服务中心（以下简称紫馨或紫馨财税共享服务中心），主要承接中小微企业的代理、外包和企业管家等各项业务。刘焕任职于此，并从事涉税服务岗的相关工作。该共享服务中心现与一个新客户签订了服务合同，接受委托为其开具增值税发票。据悉，客户为具有开票资格的增值税一般纳税人。那么，刘焕该如何处理此项业务？

任务分析

1. 需要清楚知道涉税服务岗的工作范围和技能要求；
2. 作为智能财税社会共享服务中心的涉税服务岗员工，需要知道如何根据客户需求代理开具增值税发票；

3. 理解代开发票后，这一发票的流转过程及上下游关系。

一、增值税发票的种类 （Types of VAT Invoices）

增值税发票是单位和个人在购销商品、提供或者接受服务以及其他经营活动中，开具、取得的收付款凭证。目前增值税发票主要包括以下三种：

1. 增值税专用发票

增值税专用发票（简称专票）是增值税一般纳税人销售货物或者提供应税劳务开具的发票，是购买方支付增值税额并可按照增值税有关规定据以抵扣增值税进项税额的凭证。票样如图 3-1-1 所示。

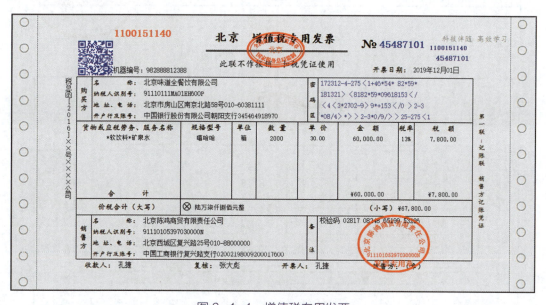

图 3-1-1　增值税专用发票

2. 增值税普通发票（简称普票）（含电子普通发票、卷式发票）

增值税普通发票是增值税纳税人销售货物或者提供应税劳务、服务时，通过增值税税控系统开具的普通发票。票样如图 3-1-2 所示。

3. 机动车销售统一发票

机动车销售统一发票是指从事机动车零售业务的单位和个人，从 2006 年 8 月 1 日起，在销售机动车（不包括销售旧机动车）收取款项时开具的发票。票样如图 3-1-3 所示。

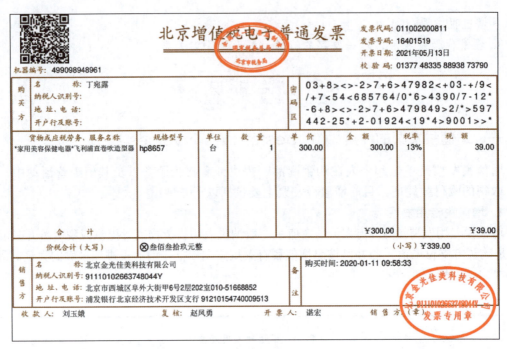

图3-1-2 增值税普通发票

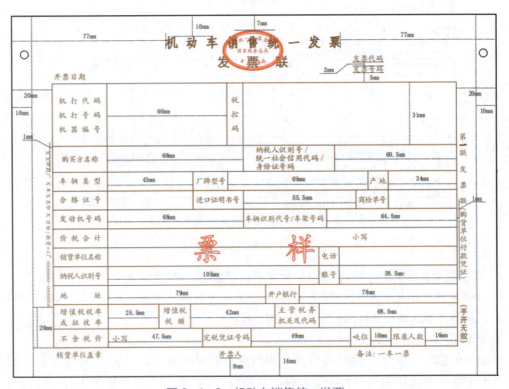

图3-1-3 机动车销售统一发票

二、纸质发票和电子发票的区别（Difference Between Paper Invoice and Electronic Invoice）

电子发票与传统纸质发票的区别主要是两者的载体不同，电子发票是以电子形式使用，纸质发票是以纸质形式使用，不过法律效力是一样的。

1. 电子发票与传统纸质发票的区别

（1）从传统的物理介质发展为数据电文形式；

（2）打破了纸质发票作为会计记账凭证的传统，可以作为会计档案电子记账形式进行保存；

（3）最后的区别是成本，电子发票比起传统纸质发票节省了发票的工本费、税控机成本，同时也节省了财务人员的工作量，降低了企业的风险。

电子发票是信息时代的产物，是纸质发票的电子映像和电子记录。同纸质发票一样，采用税务局统一发放的形式给商家使用，发票号码采用全国统一编码，采用统一防伪技术，在电子发票上附有税务局的机制签名。

电子发票不需要经过传统纸质发票的印制环节，开户登记、在线生成、发票开具、数据传输等环节都可以通过统一的电子发票系统在互联网上进行。采取电子签章实现发票签名、电子盖章，实现电子发票的唯一性、不可抵赖性、防篡改性。通过数字媒体形式传送与保存发票内容，并可通过网络、移动通信等方式传送给接收方。

2. 电子发票的特点

与传统的纸质发票相比，电子发票具有以下特点：

（1）电子发票没有印制环节，可以大大降低发票成本，提升节能减排效益；

（2）纳税人申领发票手续得以简化，不再需要往返税务机关领取纸质发票，降低纳税成本；

（3）纳税人开票数据实时上传税务机关，税务机关可以及时掌握纳税人的开票情况，对开票数据进行查询、统计、分析，加强了税收征管和发票管理，提高了管税信息水平；

（4）受票方可以在发生交易的同时收取到发票，并可以在税务机关网站查询验证发票信息，减少了接收到假发票的损失。

国家税务总局已正式发文，自2021年1月21日起，全国范围内电子发票已经可以开出普票和专票了，这也意味着，纸质发票即将退出历史舞台。在国家的大力扶持和网络技术环境的不断完善下，全面推广电子发票已经成为信息化社会发展的必然趋势。与此同时，伴随区块链技术的逐步成熟及应用场景的进一步拓展，我国正逐步上线并在小范围内试点区块链电子发票。

> **课程思政**
>
> 通过了解区块链电子发票的应用，让学生感受科技创新、科技强国的力量，从而注重学习新技术、跟上行业前沿发展。

全国首张区块链电子发票在深圳开出

深圳市税务局携手互联网巨头腾讯实现了首张区块链电子发票的落地，并于2020年3月再度联手腾讯区块链、微信支付上线区块链电子发票极速版，企业最快可在30分钟内注册开通区块链电子发票，这标志着区块链技术在我国税务管理领域的应用从研究、探讨迈向了落地发展阶段，"区块链+发票"的生态体系正逐步建立健全。

三、委托开具发票（Invoice Entrusted）

在信息化、数字化高速发展的今天，企业尤其是中小微企业适合将发票开具业务委托（以下简称委托开具发票或发票委托开具）给智能财税共享服务中心进行统一集中化的处理。

1. 委托开具发票的优点

1）成本低

中小微企业的销售量和额度相比大型集团公司相对较小，聘请专业团队或专业财务人员去完成开具发票、做账、报税等一系列财务工作的成本相对较高，而委托开具发票具有低成本的特点，中小微企业可以采用委托开具发票的方式。

2）正确性高

进行委托开具发票的代理记账公司都需要根据国家会计相关法律法规的要求成立，其工作人员都具有一定的资格认证和多年的从业经验。

3）质量和效率高

代理记账公司因为代理的公司众多，开票量大，它们都有确保采购安全、便捷、高效、准确率高的开票软件，以提升开票的质量和效率。

2. 委托开具发票的注意事项

要严格按发票管理办法开具发票，对申请开具发票的单位和个人，要求提供购销业务、接受服务或提供其他经营活动的书面证明，属于单位申请开具发票的，要根据国家税务总局《核定征收企业所得税暂行办法》的规定，按照不同行业的应税所得率计征企业所得税，对于不按规定提供证明的，不能开具发票。

中华人民共和国发票管理办法实施细则

加强对发票管理人员的培训，提高发票管理人员的素质和执法意识。加强发票日常检查和监督，加大发票查处力度。

任务实施

一、实施场景

以智能财税共享服务中心综合实训平台中北京赛唯商贸有限公司——2020年1月的日常账务处理业务6为例，该业务的实施场景如下：

1月10日，销售部与北京科为贸易有限公司签订购销合同，销售家用餐桌2 000张，不含税单价200元，申请开具增值税专用发票，当日仓管部发出该批货物，款项未收到。

购买方名称：北京科为贸易有限公司；

纳税人类型：一般纳税人；

纳税人识别号：91110111M805373822；

地址及电话：北京市麦领路029号，010-82178992；

开户行及账号：工行北京市绿景路支行，9130510576511394420。

二、实施要求

请涉税服务岗人员根据合同开具不含税增值税专用发票（商品和服务税收分类：木质家具）。

备注：通过票据制单-销售发票自动生成记账凭证。

三、实施步骤

为具有开票资格的纳税人代开发票的操作流程如图3-1-4所示。

图3-1-4 为具有开票资格的纳税人代开发票的操作流程

具体操作步骤如下：

（1）点击"票天下"，进入票天下界面，如图3-1-5所示。

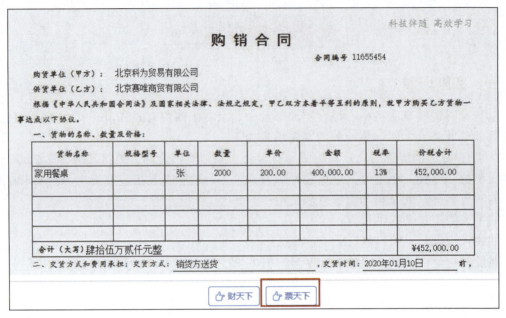

图 3-1-5　发票开具任务操作入口

（2）点击左侧"云开票－发票登记"菜单，进行发票领购。这一环节需要注意以下问题：

❶ 领购密码输入"88888888"，可通过左侧"税控管理－发票网点管理"菜单进行查询；
❷ 发票类型和领购数量可根据企业实际情况分别进行选择和录入，如图 3-1-6 所示。

图 3-1-6　发票领购窗口

（3）若首次销售某商品，在正式开具发票前，需要进行商品档案的维护。

❶ 点击左侧"基础设置–商品服务档案"菜单，在检索框里输入"家具"，在下拉框中找到"家具–其他家具"，并用鼠标左键点击选中该条目；

❷ 点击上方"新增"按钮，根据任务资料在对话框中录入相关信息，最后"确定"即可，如图3–1–7所示。

图3–1–7　添加商品服务档案

（4）若首次面向某客户发生销售行为，在正式开具发票前，需要进行客户信息的维护。

❶ 点击左侧"基础设置–客户信息管理"菜单；

❷ 点击上方"新增"按钮，根据任务资料在对话框中录入相关信息，最后"保存"即可，如图3–1–8所示。

（5）在前期准备工作做好后，即可点击左侧"云开票–发票开具"菜单，正式进行发票开具。

❶ 点击上方"新增"按钮，进入发票开具操作界面；

❷ 根据任务资料信息，依次勾选对应的发票类型、是否含税、是否清单、时间及各项发票主体信息，如图3–1–9所示；

❸ 检查无误后，点击上方"发票开具"按钮，即可完成此项任务。

图3-1-8 添加客户信息

图3-1-9 发票开具信息

四、课堂实训

202×年12月2日,你接受委托代理开具电子发票。发票信息如下:

销售商品:方便面200箱×60元/箱=12 000元[不含税(13%)];

客户名称:北京味道全餐饮有限公司;

纳税人识别号:91110111MA01EH600P;

地址、电话:北京市房山区南京北路58号,010-60381111;

开户行及账号:中国银行股份有限公司朝阳支行,345464918970;

代开电子发票

接收人电话：15911002231；
接收人邮箱：bjwdq@163.com。

任务评价（表3-1-1）

表3-1-1 任务评价

共享服务平台工作任务清单	完成情况			
	已完成			未完成
	配分	扣分	用时	（备注）
在智能化票据操作平台上进行发票领购，以实现开票需求				
进行开票前的相关准备，例如添加客户信息和商品信息				
根据任务和场景需求在智能化票据操作平台上完成发票开具				
发票的查询、作废以及红字冲销				

任务2 为无开票资格的纳税人代开发票

任务导入

紫馨财税有限公司是一家智能财税社会共享服务中心，主要承接中小微企业的代理、外包和企业管家等各项业务。刘焕任职于此，并从事涉税服务岗的相关工作。该共享服务中心拟为一个不具备开票资格的客户代开发票，刘焕应该如何进行处理？

任务分析

1. 应了解在什么情况下需要申请由税务机关代开发票；
2. 熟悉税务局代开发票的流程。

> **课程思政**
>
> 通过了解我国制定的税务局代开发票政策,感受我国的大国风范和对中小企业的人文关怀,增强民族自豪感。

一、代开专用发票的定义(Definition of Invoicing on Behalf)

代开专用发票是指主管税务机关为其所辖范围内的增值税纳税人代开专用发票,其他单位和个人不得代开。

二、代开专用发票的范围(Scope of Invoicing on Behalf)

根据《国家税务总局关于增值税发票管理等有关事项的公告》(国家税务总局公告 2019 年第 33 号)规定,增值税小规模纳税人(其他个人除外)发生增值税应税行为,需要开具增值税专用发票的,可以自愿使用增值税发票管理系统自行开具。选择自行开具增值税专用发票的小规模纳税人,税务机关不再为其代开增值税专用发票。如果小规模纳税人未选择自行开具增值税专用发票,则可以向主管税务机关申请代开。

三、代开专用发票的办理流程(Process of Invoicing on Behalf)

1. 在办税服务厅指定窗口提交相关证件

(1)提交代开增值税发票缴纳税款申报单;
(2)自然人申请代开发票,提交身份证件及复印件;其他纳税人申请代开发票,提交加载统一社会信用代码的营业执照(或税务登记证或组织机构代码证)、经办人身份证件及复印件。

2. 在同一窗口缴纳有关税费、领取发票

代开增值税发票
缴纳税款申报单

一、实施场景

以 1+X 证书智能财税考证平台初级代理实务下的工作领域一当中的任务 3 为例。该业务的实施场景如下:

北京飞扬数码科技有限公司(以下简称飞扬公司)(小规模纳税人)于 12 月建账,因为企业自身条件有限,月初不具备开票能力,先进行委托开票。2019 年 12 月 3 日,申请税务局代理开具专票(网上预缴税款后开具)。

销售商品:平板电脑 10 台×3 000 元/台=30 000 元 [不含税(3%)];

国家税务总局北京市电子税务局企业登录账号：北京飞扬数码科技有限公司，密码：123456；

飞扬公司开票信息如下：
公司名称：北京飞扬数码科技有限公司；
统一社会信用代码（纳税人识别号）：911101087364811111；
经营地址：北京市大兴区康庄路甲23号；
电话：010-88000258；
开户行：中国工商银行股份有限公司北京兴大支行；
开户行银行账号：02002198009300098765；
客户华润公司开票信息如下：
客户名称：北京华润有限责任公司；
纳税人类型：一般纳税人；
纳税人识别号：91110562346554811B；
地址、电话：北京丰台区体育路甲5号，010-88002366；
开户行及账号：中国工商银行体育路分理处，020065538888。
（开票地址即为邮寄地址，手机号13755775555，邮编330000）

二、实施要求

为无开票资格的客户（北京飞扬数码科技有限公司）代开增值税专用发票，并进行税款的预缴和发票的邮寄。

三、实施步骤

为无开票资格的纳税人代开发票的操作流程如图3-2-1所示。

税务局代开发票的操作

操作平台　　政府仿真训练系统

图3-2-1　为无开票资格的纳税人代开发票的操作流程

具体操作步骤如下：

（1）点击"开始练习"，进入国家税务总局北京市税务局仿真界面，如图3-2-2所示。

（2）点击"电子税务局（网页版）"后，根据实施场景中的相关信息，录入登录账号"北京飞扬数码科技有限公司"和密码"123456"，如图3-2-3所示。

图 3-2-2　网上办税窗口

（3）点击"专用发票代开（邮寄配送）"选项，再点击左侧"代开发票-代开增值税专用发票"按钮，即可进入"代开发票-代开申请"界面。

（4）根据企业实际情况填写购买方信息和销售方信息，填写详情如图 3-2-4 所示。填写完毕后，分别点击"提交"及"下一步"。

图 3-2-3　账号登录窗口　　　　图 3-2-4　代开发票申请信息详情

（5）填写代开增值税发票缴纳税款申报单，如图3-2-5所示，然后点击"提交"。

图3-2-5　代开发票缴纳税款申报单

（6）进入"代开发票-预缴税款"界面，点击"网上交税"，完成扣款。

（7）点击左侧"发票寄送"，填写发票寄送地址，如图3-2-6所示，点击"保存收货地址"后再点击"确定"，即完成本任务的全部操作。

图3-2-6　发票寄送地址信息

四、课堂实训

上海爱果食品有限公司（以下简称爱果公司）（小规模纳税人）于 8 月建账，因为企业自身条件有限，月初不具备开票能力，先进行委托开票。202×年 8 月 5 日，由你申请税务局代理开具专票（网上预缴税款后开具）。

销售商品：果汁饮料 100 箱×96 元/箱＝9 600 元［不含税（3%）］；

国家税务总局北京市电子税务局企业登录账号：上海爱果食品有限公司，密码：123456

爱果公司开票信息如下：

公司名称：上海爱果食品有限公司；

统一社会信用代码（纳税人识别号）：911101056438912357；

经营地址：上海市浦东新区民生路 1018 号；

电话：021-88000258；

开户行：招商银行民生支行；

开户行银行账号：06003288013405048673；

客户名称：北京爱佳生活超市有限公司；

纳税人类型：一般纳税人；

纳税人识别号：91110105567900000Y；

地址、电话：北京市朝阳区北沙滩 31 号院，01058761111；

开户行及账号：中国工商银行股份有限公司北京玛丽安路支行，02000251119200030 0066

（开票地址即为邮寄地址，手机号 13633005820，邮编 200135）

任务评价（表 3-2-1）

表 3-2-1 任务评价

共享服务平台工作任务清单	完成情况			未完成（备注）
	已完成			
	配分	扣分	用时	
代开发票的办理流程及需要准备的相关材料				
在税务局网站填写并提交代开增值税发票缴纳税款申报单，同时预缴税款				
选择快件服务公司将代开的发票邮寄到客户手中，并与客户确认				

课程思政

通过票据整理的任务情景设定，培养学生养成整理的好习惯，拒绝拖延症。

票据的整理与审核

任务导入

一天，公司职员孟鑫下班路过超市买了盒酸奶，回到家后习惯性地把超市小票随手一放。第二天，她发现酸奶变质，想找超市退货，超市要求提供购买证明。无奈之下，孟鑫只好回家再次翻找超市小票，却怎么也想不起放在了哪里，结果不言而喻。

任务分析

现在有不少人都发生过类似孟鑫这样的情况，买完东西，发票账单随手一扔，等到要用的时候，却恨不得把家翻个底朝天来找。其实对于发票账单一类的物品，非常有必要进行整理和收纳。对于一个公司来说，绝大部分的经济业务都会形成各式各样的票据，对票据进行整理与审核后，才能进入记账环节。

课程思政

通过票据整理的任务情景设定，培养学生养成整理的好习惯，拒绝拖延症。

相关知识

一、票据的定义（Definition of Bills）

票据的概念有广义和狭义之分。广义上的票据包括各种有价证券和凭证，如股票、企业债券、发票、提单等；狭义上的票据，即我国《票据法》中规定的票据，包括汇票、银行本票和支票，是指由出票人签发的、约定自己或者委托付款人在见票时或指定的日期向收款人或持票人无条件支付一定金额的有价证券。以下内容提及的票据均在广义范围内。

> **课程思政**
>
> 通过介绍票据的种类,提醒学生在工作中面对种类繁多的票据,整理时一定要静心,不可太过浮躁,切记调整好心态,培养严肃认真、严谨细致的工作作风。

二、票据的种类(Types of Bills)

1. 采购发票

采购发票是供应商开给购货单位,据以付款、记账、纳税的依据,包括采购专用发票(图3-3-1)和采购普通发票(图3-3-2)。其中专用发票是指增值税专用发票,是一般纳税人销售货物或者提供应税劳务所开具的发票,发票上记载了销售货物的售价、税率以及税额等,购货方以增值税专用发票上记载的购入货物已支付的税额作为扣税和记账的依据。普通发票是指除了专用发票之外的发票或其他收购凭证。

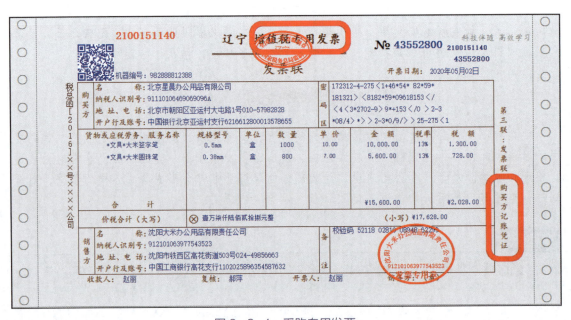

图3-3-1 采购专用发票

2. 销售发票

销售发票是一种用来表明已销售商品的规格、数量、价格、销售金额、运费和保险费、开票日期、付款条件等内容的凭证。销售发票的其中一联寄送给顾客(即采购发票)。销售发票也是在会计账簿中登记销售交易的基本凭证。与采购发票类似,销售发票也包括销售专用发票(图3-3-3)和销售普通发票(图3-3-4)。

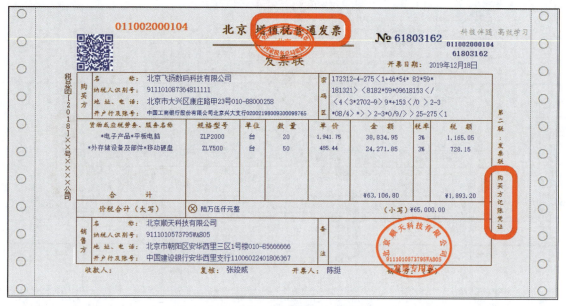

图 3-3-2 采购普通发票

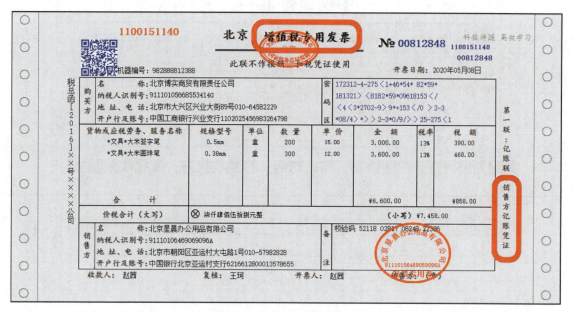

图 3-3-3 销售专用发票

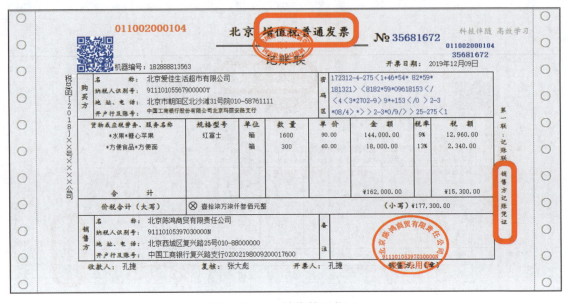

图 3-3-4 销售普通发票

3. 银行回单

银行回单（图 3-3-5）指的是表示银行收到需要处理的票据的证明，是表明个人或单位在银行办理业务的一个有效凭证。

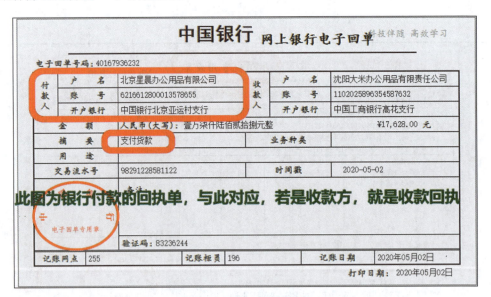

图 3-3-5 银行回单

4. 费用发票

费用发票种类繁多，样式各异，除了上述已见过的增值税专用发票和增值税普通发票之外，常见的还有行程单、火车票、车船票、桥闸通行票、出租车票、门票、定额票等，如图 3-3-6 所示，根据具体的经济业务不同，会产生相应的成本费用类票据。

工作领域三 票据开具与整理

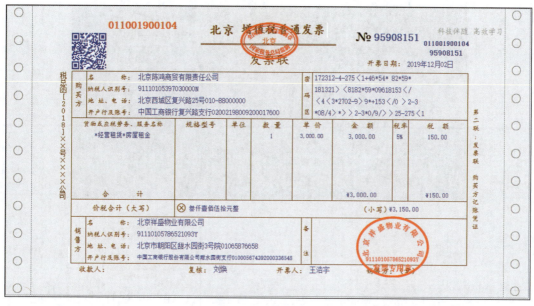

(a)

(b)

(c)

图3-3-6 常见的成本费用类票据

(d)

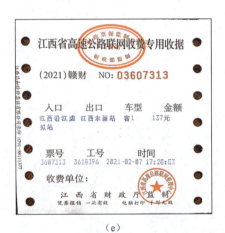

(e)

(g)

图 3-3-6 常见的成本费用类票据（续）

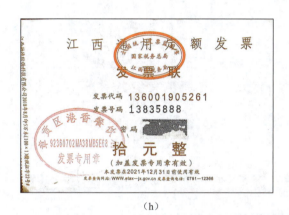

(h)　　　　　　　　　　　(i)

图 3-3-6　常见的成本费用类票据（续）

5. 其他票据

其他票据是指证明经济业务发生的相关附件，不能独立作为入账凭据的票据，如购销合同、出库单、入库单等。

三、票据整理的系统界面（System Interface Diagram of Bill Sorting）

1. 采购发票整理

采购发票整理范例如图 3-3-7 所示。

2. 销售发票整理

销售发票整理界面如图 3-3-8 所示。

与采购发票整理相同，但注意是在"销售发票"栏下。

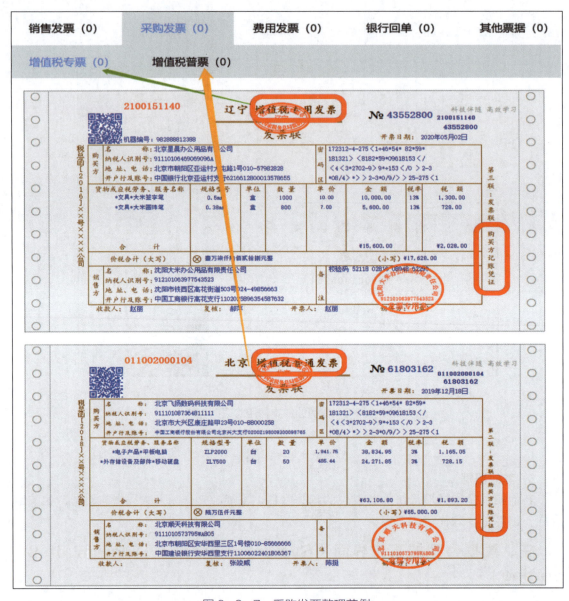

图 3-3-7 采购发票整理范例

图 3-3-8 销售发票整理界面

3. 费用发票整理

费用发票整理范例如图 3-3-9 所示。

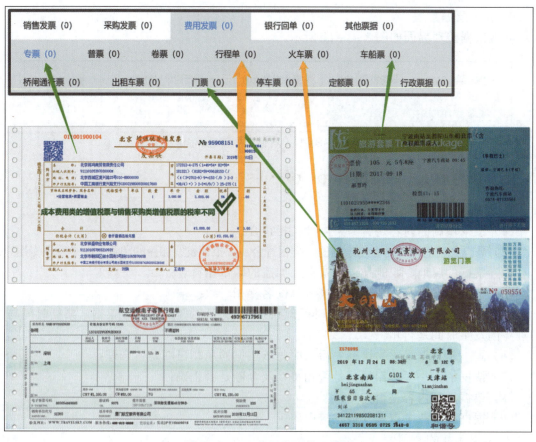

图 3-3-9 费用发票整理范例

4. 银行回单整理

银行回单整理范例如图 3-3-10 所示。

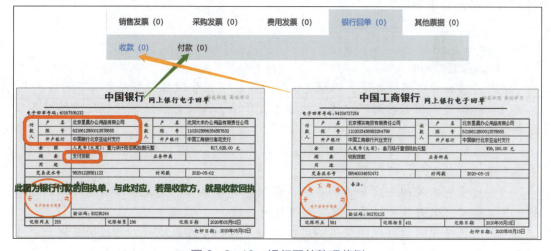

图 3-3-10 银行回单整理范例

5. 其他票据整理

其他票据整理界面如图 3-3-11 所示。

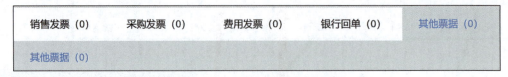

图 3-3-11　其他票据整理界面

四、票据审核（Verification of Bills）

1. 票据审核的具体内容

（1）票据填制的内容是否与票据种类相符合；

（2）票据加盖的印章是否与票据的种类相符合，如报销发票加盖的印章一般是发票专用章；

（3）票据的属地、职能是否与票据上加盖的印章相符合；

（4）票据客户名称填写是否与报账单位名称相一致；

（5）从票据印制的所属日期与实际开票日期查验是否属过期作废票据，票据时间与经济业务的发生时间是否相符；

（6）同一本票据号码的排列先后顺序与该票据的填制日期是否合理；

（7）票据的大小写金额填写是否相符以及金额是否正确；

（8）票据填制内容是否完整；

（9）根据经济业务审核其他相应内容。

2. 票据审核的原则

总而言之，对票据的审核要遵循合法性、合规性、完整性和正确性的原则，对于经济业务不合法、不合规的票据，应当拒绝受理并报请上级处理；对于内容或要素填写不齐全的票据，应退还经办人员，要求其补办完整；对于内容或要素填写不符合要求的票据，应退还经办人员，要求予以更正。

> **知识链接**
>
> 按照《票据管理实施办法》的规定，一般情况下，管理票据要注意以下问题：
>
> （1）严格遵守国家的财经纪律，熟悉《会计法》及《票据法》的规定，执行各项财务管理制度。
>
> （2）做好票据的购买、发放使用和管理工作，票证管理实行专管制度，专人保管、专库存放、存放有序，确保安全。
>
> （3）负责对回收的发票和收据存根，做到认真审核，注意发票和收据号码的连续性，及时核对，做好销号记录，发现差错及时处理。
>
> （4）对已使用的票据记账联逐一进行核销，核销中发现跳号、作废的票据，应及时查明原因，检查相关手续是否符合规定，及时整理存根联，按规定保管。

工作领域三 票据开具与整理

（5）定期或不定期盘点检查票据领用存情况。如发现票据丢失、毁损的情况，应及时查明原因，按有关规定的程序和权限先报批再核销，未经批准，不得擅自冲销或处理。

（6）定期对已领用而未核销的发票和收据进行追踪询查核对。

（7）凡需要查看或复印已使用票据的存根或记账联的单位或个人，应出具相应证明，经财务部门负责人同意，方可办理并做好登记工作。

任务实施

一、实施场景

北京赛唯商贸有限公司（以下简称赛唯公司）是一家商业零售企业，从事各类货物的批发与零售业务。赛唯公司将票据整理与审核外包给北京紫林智能财税共享服务中心有限公司（以下简称共享中心），每月30日将本月业务相关票据移交给共享中心，进项发票的抵扣联由北京赛唯商贸有限公司留抵，共享中心票据处理岗人员对该公司票据进行整理后，将每张纸质票据扫描后形成独立的影像文件，并进行识别与查验。

二、实施要求

（1）由票据处理岗人员对票据进行整理与采集；
（2）根据不同发票的处理要求调整发票类型；
（3）确定发票信息无误后审核票据。

采购票据的整理与制单

三、实施步骤

票据的整理与审核的操作流程如图3-3-12所示。

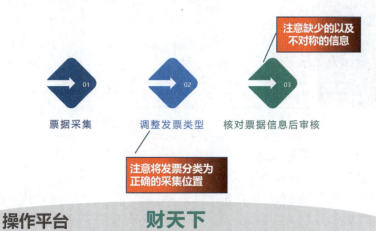

图3-3-12 票据的整理与审核的操作流程

具体操作步骤如下：

（1）点击"财天下"，进入财天下界面，如图3-3-13所示。

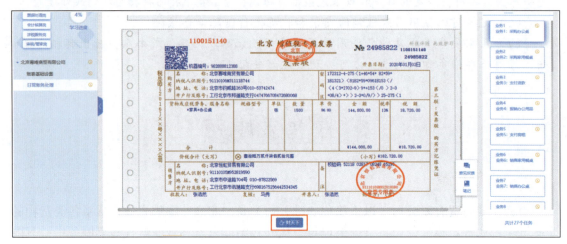

图3-3-13　财天下操作入口

（2）点击"智能票据"-"票据采集"，进入票据采集界面，如图3-3-14所示。

图3-3-14　票据采集界面

（3）点击"教学票据采集"-"本地票据采集"，勾选需要采集的发票并点击"确定"，如图3-3-15所示。

（4）核对发票内容与票据信息和行信息（若缺少信息或信息不对称，需手动补全或修改）。

❶ 采购发票。

增值税专用发票在票据信息"是否抵扣"前打勾，同时在行信息"税目"中选择"本期认证抵扣"，如图3-3-16所示。

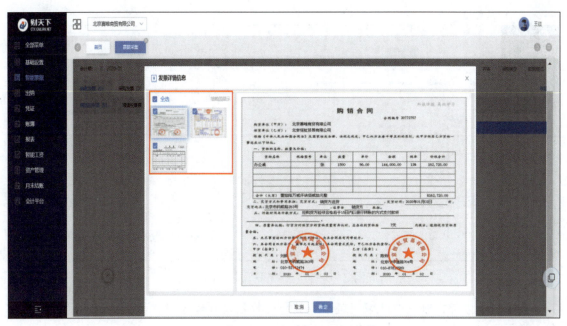

图 3-3-15　勾选需要采集的发票

（a）

（b）

图 3-3-16　票据信息与行信息

若采购发票增值税普通发票被系统误识别成销售发票，则可以通过对应纳税人识别号修改发票信息中的购方税号，然后点击"保存"，系统将重新将其分类为正确的采集位置，如图 3-3-17 所示。

图 3-3-17 购方税号的修改

根据企业内部控制制度要求，若涉及其他应收款及其他应付款会计核算的发票，则应在"是否个人往来"前打勾，如图 3-3-18 所示。

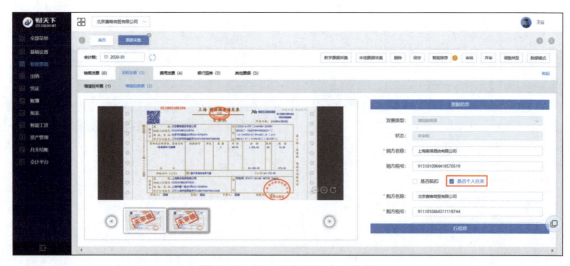

图 3-3-18 区分是否个人往来

❷ 销售发票。

在票天下完成开票后，已自动制单，无须审核，如图 3-3-19 所示。

❸ 银行回单。

根据收款人/付款人户名在"方向"栏调整收付款类型，同时选择"收付大类"，如图 3-3-20 所示。

销售票据的整理与制单

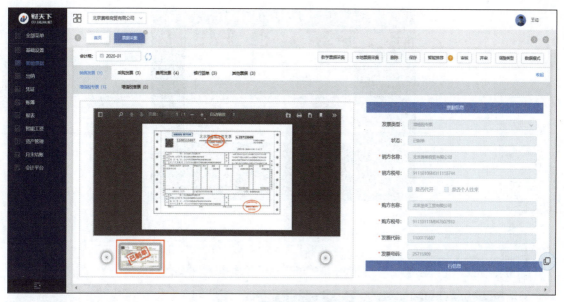

图 3-3-19 查询销售发票

（a）

（b）

图 3-3-20 选择银行回单方向及收付大类

❹ 费用发票。

将需要调整的发票点击"调整类型"，选择"费用增值税发票"，点击"确定"；火车票在"是否差旅""是否抵扣"前打勾，如图 3-3-21 所示。

（a）

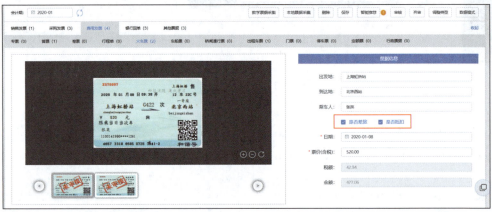

（b）

图 3-3-21　调整发票类型

❺ 其他票据。

点击"调整类型"，选择"其他票据"，点击"确定"，如图 3-3-22 所示。

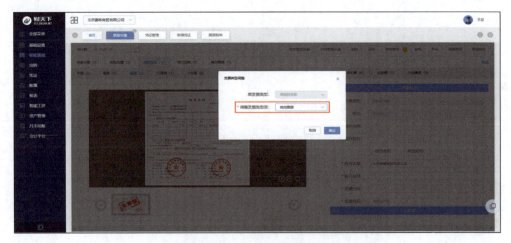

图 3-3-22　调整发票类型

（5）核对发票无误后，点击"保存"，再点击"审核"，如图3-3-23所示。

图3-3-23 票据的审核

五、课堂实训

1. 2020年2月2日，北京赛唯商贸有限公司采购部与北京恒虹贸易有限公司签订购销合同（图3-3-24），采购办公桌2 000张，入库单如图3-3-25所示，当日收到对方开具的增值税专用发票（图3-3-26）和该批货物，货款尚未支付。请你作为票据处理岗人员采集票据信息。

图3-3-24 购销合同

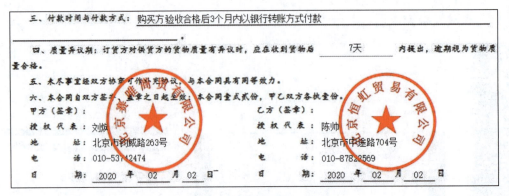

图 3-3-24 购销合同（续）

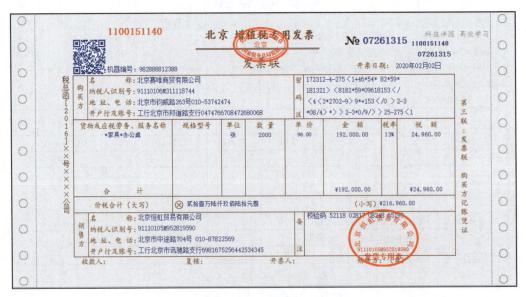

图 3-3-25 入库单

图 3-3-26 增值税专用发票

2. 2020 年 1 月 7 日，北京赛唯商贸有限公司收到北京新唯物业有限公司的一张房租发票（图 3-3-27），租费 5 450 元，银行转账已支付（图 3-3-28），请你作为票据处理岗人员采集票据信息。

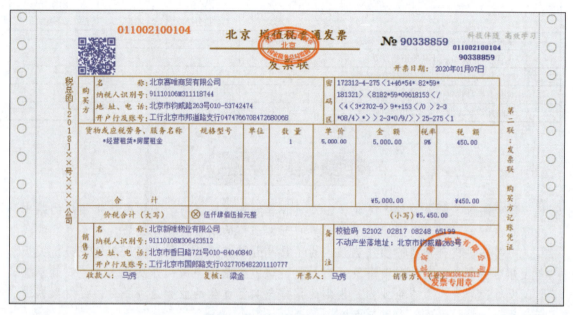

图 3-3-27　增值税普通发票

图 3-3-28　转账支票

任务评价（表3-3-1）

表3-3-1　任务评价

共享服务平台工作任务清单	完成情况			
	已完成			未完成
	配分	扣分	用时	（备注）
将企业当月收到的采购发票进行核查				
查询企业当月开具的销售发票				
对企业当月收到的银行单据进行采集				
对企业当月收到的费用发票进行查验				
调整并审核企业当月收到的其他票据				

工作领域小结

学生通过了解《中华人民共和国发票管理办法实施细则》等相关法律法规的基本内容，在智能财税票天下操作平台为具有开票资格的纳税人完成纸质、电子发票的代开；同时熟悉代开发票的操作流程，为不具有开票资格的纳税人向所在地税务机关提交代开增值税发票交纳申请单及所需材料，预缴税款后完成代开发票工作；明确票据岗位设置及职责，核查企业当月收到的票据与实际发生的业务是否一致，并对票据进行分类、归档、整理、采集与审核。

工作领域三知识要点如图3-3-29所示。

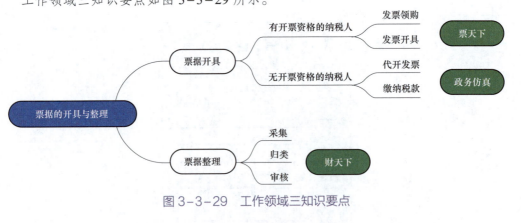

图3-3-29　工作领域三知识要点

实施效果检测

实施效果检测

工作领域四

财务核算与制单

知识目标

1. 了解《企业会计准则》及其应用指南；
2. 了解个人所得税的计算；
3. 了解固定资产不同的折旧方法；
4. 掌握账套的初始化设置方法；
5. 掌握日常业务的智能制单及审核方法；
6. 掌握薪酬数据计算的方法；
7. 掌握计算固定资产折旧的方法；
8. 掌握期末业务处理方法。

技能目标

工作领域	工作任务	技能点	重要程度
财务核算与制单	账套的初始化设置	新建账套	★★★★★
		修改账套信息	★★☆☆☆
		个性化设置	★★★☆☆
		会计科目设置	★★★★★
		辅助核算设置	★★★☆☆

续表

工作领域	工作任务	技能点	重要程度
财务核算与制单	账套的初始化设置	科目期初录入	★★★★☆
		现金流量期初录入	★★★☆☆
		币种设置	★★☆☆☆
		计量单位设置	★★★☆☆
		账龄设置	★★☆☆☆
		结算方式设置	★★★☆☆
		备份还原设置	★★☆☆☆
	日常业务的智能制单	设置业务类型	★★★★☆
		票据采集与整理	★★★★★
		票据制单	★★★★★
		新增常用凭证	★★★☆☆
		调用常用凭证制单	★★☆☆☆
		审核记账凭证	★★☆☆☆
	智能薪资业务的处理	初始设置	★★★★☆
		薪酬数据计算	★★★★★
	固定资产的管理与核算	固定资产初始化设置	★★★☆☆
		新增固定资产	★★★★★
		处置固定资产	★★★★☆
	期末会计事项处理	月末结转制单及审核	★★★★★
		财务报表生成与审核	★★★☆☆
		月末结账	★★☆☆☆

素养目标

1. 熟悉岗位职责，增强工作责任心；
2. 培养学生严肃认真、严谨细致的工作态度。

账套的初始化设置

任务导入

紫馨财税有限公司是一家智能财税社会共享服务中心,主要承接中小微企业的代理、外包和企业管家等各项业务。肖飞任职于此,并从事财务核算岗的相关工作。该共享服务中心现与北京赛唯商贸有限公司签订服务合同,接受委托为其提供财税代理服务。据悉,客户企业为一家商品零售企业,从事各类业务的批发零售业务,每月 30 日将相关业务的票据移交给共享服务中心,肖飞要进行财务核算工作,首先应进行账套的初始化设置,那么,他该如何处理此项业务呢?

任务分析

1. 需要清楚知道账套的初始化设置包含哪些工作内容;
2. 作为智能财税社会共享服务中心的财务核算服务员工,需要明确如何根据客户实际情况进行账套初始化设置工作;
3. 理解账套初始化设置的作用,以及上下游勾稽关系。

相关知识

一、账套的定义(Definition of Account Set)

账套是指一个独立、完整的数据集合,这个数据集合包括一整套独立、完整的系统控制参数、用户权限、基本档案、会计信息、账表查询等,就是一个独立的数据库。

在同一个软件系统中,可以建立一个或多个账套,但一个账套只能保存一个会计核算对象的业务资料,这个核算对象可以是企业的一个分部,也可以是整个企业集团。

二、账套初始化设置的内容（Content of Account Set Initialization Settings）

账套初始化设置的内容包括新建账套和基础设置。

1. 新建账套的内容

为客户新建账套时，需要输入其账套信息，账套信息内容包括账套名称、行业属性、纳税人类型、会计准则、建账会计期、社会统一信用代码、需要启用的服务模块功能，所有内容要根据客户提供的信息录入。

可供选择需要启用的服务模块功能，包括记账服务、报税服务、开票服务、供应链四个模块功能，根据客户需求选择。

2. 基础设置的内容

基础设置的内容包括修改账套信息、个性化设置、会计科目设置、辅助核算设置、科目期初录入、现金流量期初录入、币种设置、计量单位设置、账龄设置、结算方式设置、备份还原设置。

三、建账的原则（Principles of Setting up Accounts）

建账就是根据《中华人民共和国会计法》和国家统一会计制度的规定，以及企业具体行业要求和将来可能发生的会计业务情况，确定账簿种类、格式、内容及登记方法。

建账必须遵循以下基本原则：

1. 依法原则

各单位必须按照《中华人民共和国会计法》和国家统一会计制度的规定设置会计账簿，包括总账、明细账、日记账和其他辅助性账簿，不允许不建账，不允许在法定的会计账簿之外另外建账。

2. 全面系统原则

设置的账簿要能全面、系统地反映企业的经济活动，为企业经营管理提供所需的会计核算资料，同时要符合各单位生产经营规模和经济业务的特点，使设置的账簿能够反映企业经济活动的全貌。

3. 组织控制原则

设置的账簿要有利于账簿的组织、建账人员的分工，有利于加强岗位责任制和内部控制制度，有利于财产物资的管理，便于账实核对，以保证企业各项财产物资的安全完整和有效使用。

4. 科学合理原则

建账应根据不同账簿的作用和特点，使账簿结构做到严密、科学，有关账簿之间要有统驭或平行制约的关系，以保证账簿资料的真实、正确和完整；账簿格式的设计及选择应力求简明、实用，以提高会计信息处理和利用的效率。

代理记账管理办法

> **课程思政**
>
> 通过学习代理记账的管理办法，培养学生敬畏职责、敬畏规章的意识，引导学生养成勇于担当、履职尽责的优秀品质。

任务实施

一、实施场景

以智能财税共享服务中心综合实训平台中北京赛唯商贸有限公司——2020年1月的账套初始化设置为例，该业务的实施场景如下：

在承接了北京赛唯商贸有限公司的财税代理服务以后，紫馨财税有限公司的肖飞开始为北京赛唯商贸有限公司进行账套初始化设置，为以后对其提供财税代理服务做准备。北京赛唯商贸有限公司的相关信息如下：

公司名称：北京赛唯商贸有限公司；
账套编号：KYXD2DSDFK；
会计准则：2007企业会计准则；
建账会计期：2020年1月；
统一社会信用代码：91110106M311118744；
纳税人类型：一般纳税人；
经营地址：北京市钧威路263号；
电话：010-53742474；
开户行：工行北京市邦道路支行；
记账本位币：人民币；
人民币单位：元；
行业：商品流通。

二、实施要求

请肖飞根据北京赛唯商贸有限公司的相关信息进行账套初始化设置。

备注：只启用记账服务、报税服务、开票服务三个模块功能，不启用供应链模块功能。在记账服务模块功能，不启用外币核算模块功能，账套创建的时间为2020年1月。

三、实施步骤

该任务的操作流程如图4-1-1所示。

（一）熟悉财天下的模块功能

账套初始化设置流程

财天下的模块功能包括基础设置、智能票据、出纳、凭证、账簿、报表、智能工资、资产管理、月末结账、会计平台。

财天下的各模块功能全部菜单如图4-1-2所示。

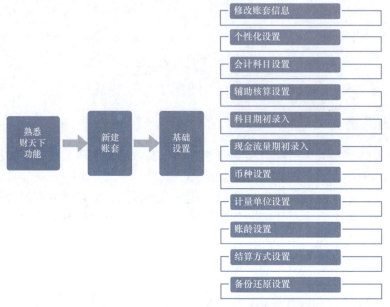

图4-1-1 账套的初始化设置操作流程

图4-1-2 财天下的各模块功能全部菜单

（二）新建账套

新建账套，包括录入账套信息和选择启用的服务模块功能，具体操作步骤如下：

（1）在客户选择框中，选择新建账套，如图 4-1-3 所示。

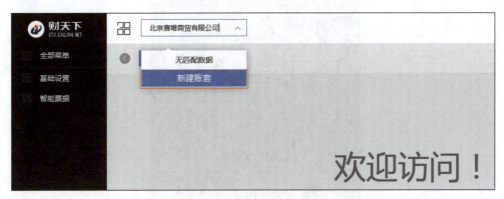

图 4-1-3　选择新建账套

（2）在弹出的"新建账套"页面，输入客户新建账套的信息，选择客户需要启用的服务模块功能，如图 4-1-4 所示。

图 4-1-4　"新建账套"页面

（三）基础设置

基础设置的内容如图 4-1-5 所示。

图 4-1-5 基础设置的内容

下面结合北京赛唯商贸有限公司的案例，演示基础设置各项内容的操作方法。

1. 修改账套信息

新建账套后，从导航栏进入"基础设置-账套信息"页面，可查看、修改和补充账套信息，如图 4-1-6 和图 4-1-7 所示。

图 4-1-6 "基础设置-账套信息"页面

图 4-1-7 账套信息

2. 个性化设置

为了方便账务处理的灵活操作，可以从导航栏进入"基础设置-个性化设置"页面，进行一些个性化日常账务处理的参数设置，包括打印、账务账簿、凭证管理、期末结账和其他的设置，设置好后，点击"保存"按钮，如图 4-1-8 和图 4-1-9 所示。

图 4-1-8 "基础设置-个性化设置"页面

图 4-1-9 个性化设置

3. 会计科目设置

从导航栏进入"基础设置–会计科目"页面，就可进行会计科目（简称科目）的设置。

1）会计科目体系

根据 2007 年企业会计准则、2013 年小企业会计准则，财天下分别预置了会计科目，在预置的会计科目中可以设置下级科目及辅助核算，本案例采用的是 2007 企业会计准则预置的会计科目，如图 4-1-10 所示。

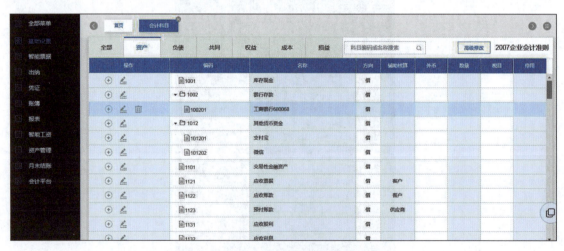

图 4-1-10 会计科目体系

2）会计科目级次

1 级会计科目编码长度为 4 位，不可调整，2 级、3 级、4 级、5 级会计科目编码长度默认 2 位，如图 4–1–11 所示。

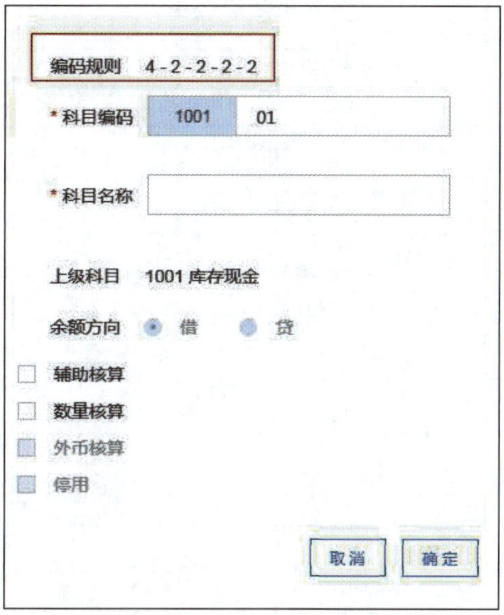

图 4–1–11 会计科目级次

3）增加会计科目

点击某会计科目栏内的按钮“⊕”，就可以进入“新增科目”页面，增加该科目的下级科目，如图 4–1–12 和图 4–1–13 所示。

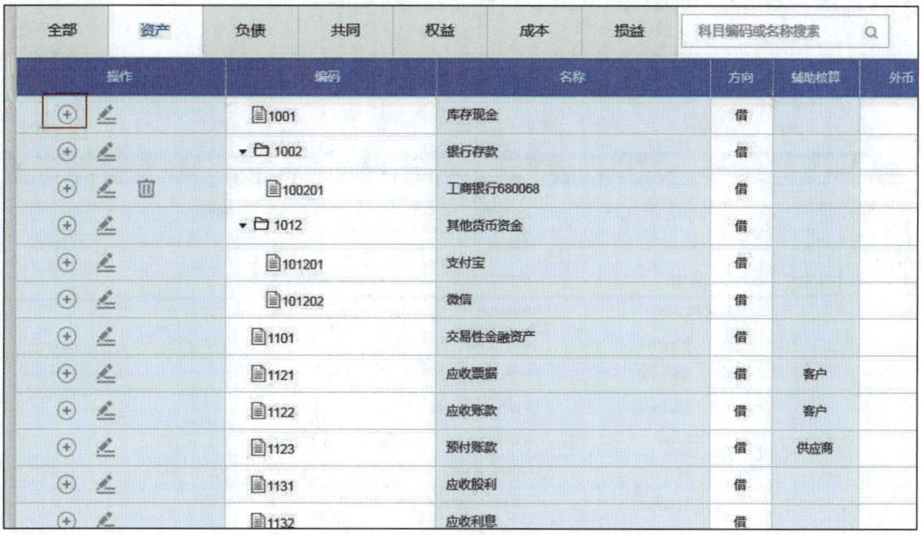

操作	编码	名称	方向	辅助核算	外币
	1001	库存现金	借		
	1002	银行存款	借		
	100201	工商银行680068	借		
	1012	其他货币资金	借		
	101201	支付宝	借		
	101202	微信	借		
	1101	交易性金融资产	借		
	1121	应收票据	借	客户	
	1122	应收账款	借	客户	
	1123	预付账款	借	供应商	
	1131	应收股利	借		
	1132	应收利息	借		

图 4–1–12 会计科目增加按钮“⊕”

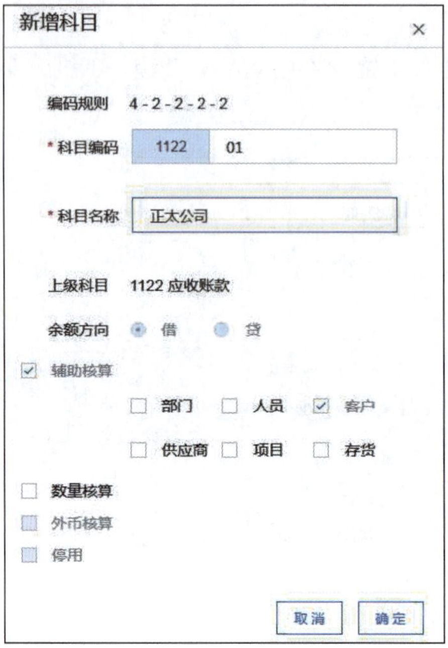

图 4-1-13 "新增科目"页面

注意：此页面不支持增加 1 级科目，只能新增 2 级、3 级、4 级、5 级科目，新增科目时，需要在"新增科目"页面填写科目编码、科目名称，选择余额方向，根据需要选择辅助核算、数量核算、外币核算等项目。

4）修改会计科目

点击需要修改的会计科目操作栏内的修改按钮" "，就可以进入"修改科目"页面，便可对该科目进行修改，如图 4-1-14 和图 4-1-15 所示。

图 4-1-14 会计科目修改按钮" "

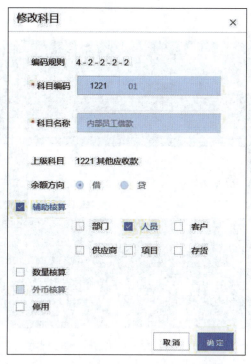

图 4-1-15 "修改科目"页面

5）删除会计科目

点击需要删除的会计科目操作栏的删除按钮" 🗑 "，并在提示确认删除窗口点击"确定"，即可删除该科目，如图 4-1-16 和图 4-1-17 所示。

图 4-1-16 会计科目删除按钮" 🗑 "

图 4-1-17 会计科目删除确认提示

注意：系统预置的会计科目不可删除，故无删除图标，只能删除末级科目，若欲删除非末级科目，会出现"只能删除末级科目"的提示，已经使用的科目不允许删除，若出现"该科目已经被设置为停用状态"的提示，即该科目为停用状态。

4. 辅助核算设置

从导航栏进入"基础设置-辅助核算"页面，进行辅助核算的设置，包括往来单位、部门、人员、项目、存货的档案设置与维护，如图 4-1-18 所示。

图 4-1-18 "基础设置-辅助核算"页面

1）往来单位设置

客户辅助核算、供应商辅助核算，需要设置往来单位档案，操作步骤是先点击"新增"按钮，然后在弹出的"新增往来单位"页面中录入客户和供应商的相关信息，并点击"确定"按钮，该客户或供应商档案就建好了，如图4-1-19和图4-1-20所示。

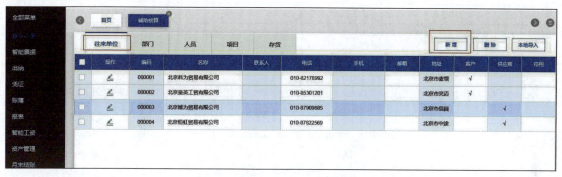

图4-1-19 "往来单位"页面

图4-1-20 "新增往来单位"页面

2）部门设置

部门辅助核算，需要设置人员档案，操作步骤是先点击“新增” 按钮，然后在弹出的“新增部门”页面中录入相关信息，并点击“确定”按钮，该部门档案就建好了，如图 4-1-21 和图 4-1-22 所示。

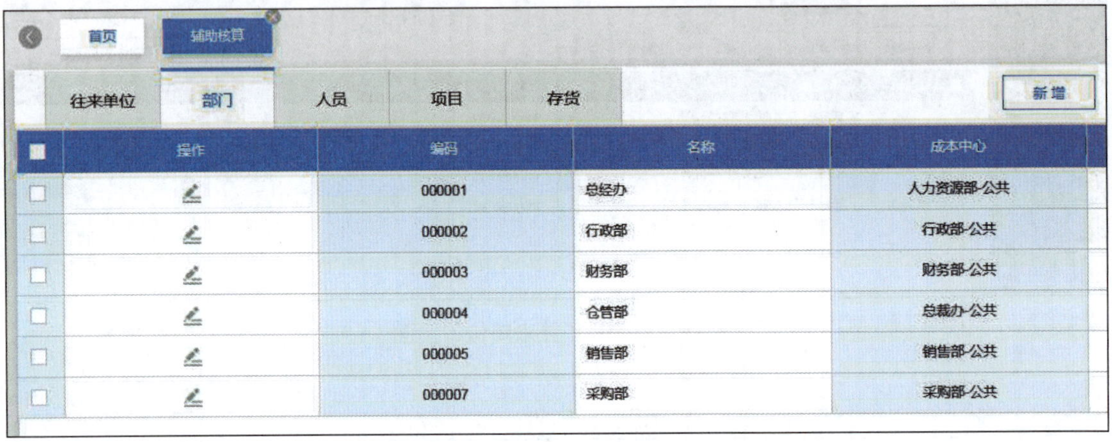

操作	编码	名称	成本中心
	000001	总经办	人力资源部-公共
	000002	行政部	行政部-公共
	000003	财务部	财务部-公共
	000004	仓管部	总裁办-公共
	000005	销售部	销售部-公共
	000007	采购部	采购部-公共

图 4-1-21 “部门”页面

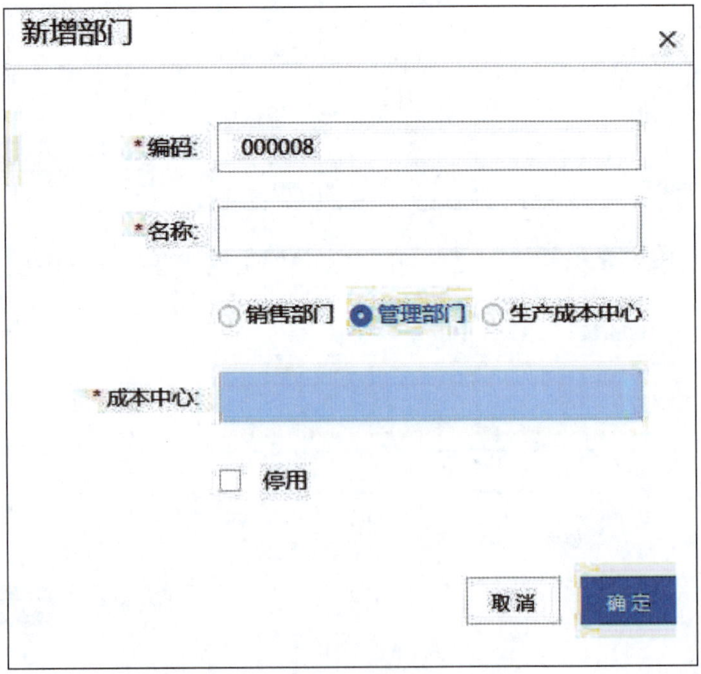

图 4-1-22 “新增部门”页面

3）人员设置

人员辅助核算，需要设置人员档案，操作步骤是先点击"新增"按钮，然后在弹出的"新增人员"页面中录入相关信息，并点击"确定"按钮，该人员档案就建好了，如图4-1-23和图4-1-24所示。

	操作	工号	姓名	部门	证件类型	证件号码	性别	人员状态
☐	✎	001	刘焕	总经办	居民身份证	110012197512130018	男	正常
☐	✎	002	周石	行政部	居民身份证	120010198508080117	男	正常
☐	✎	003	何华	财务部	居民身份证	150089198509050027	女	正常
☐	✎	004	孙姿	财务部	居民身份证	140109198905031225	女	正常
☐	✎	005	张英	采购部	居民身份证	110014198001231261	女	正常
☐	✎	006	王茜	采购部	居民身份证	153102198205091223	女	正常
☐	✎	007	吴娟	仓管部	居民身份证	110108197901032121	女	正常
☐	✎	008	高义鹤	仓管部	居民身份证	521112198211042215	男	正常
☐	✎	009	马秀	销售部	居民身份证	110115198106061824	女	正常
☐	✎	010	张东	销售部	居民身份证	120013198201250115	男	正常

图4-1-23 "人员"页面

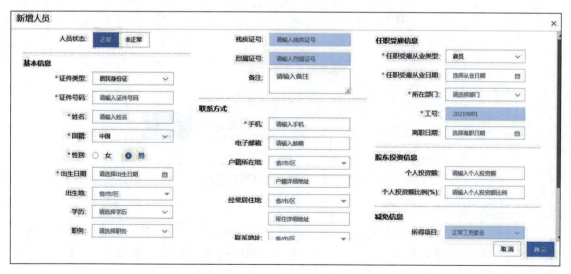

图4-1-24 "新增人员"页面

4）项目设置

项目辅助核算，需要设置项目档案，操作步骤是先点击"新增"按钮，然后在弹出的"项目"页面中录入相关信息，并点击"确定"按钮，该项目档案就建好了，如图4-1-25和图4-1-26所示。

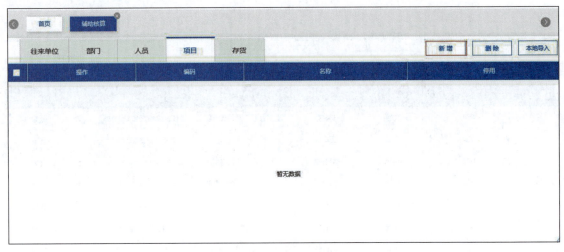

图4-1-25 "项目"页面

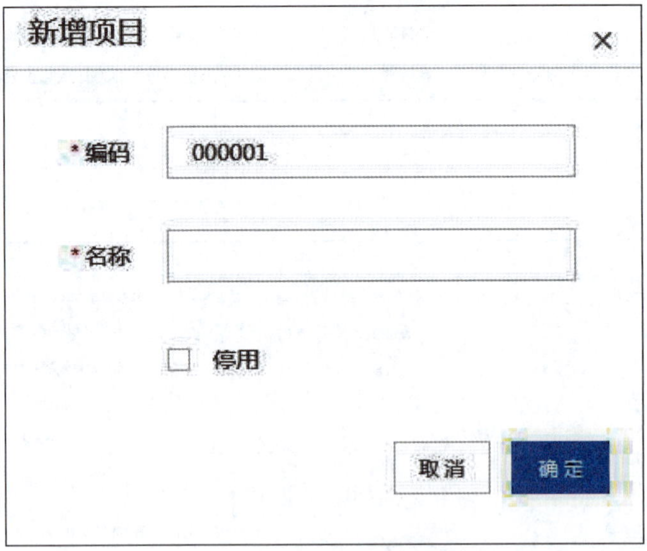

图4-1-26 "新增项目"页面

5）存货设置

存货辅助核算，需要设置存货档案，操作步骤是先点击"新增"按钮，然后在弹出的"新增存货"页面中录入相关信息，并点击"确定"按钮，该存货档案就建好了，如图4-1-27和图4-1-28所示。

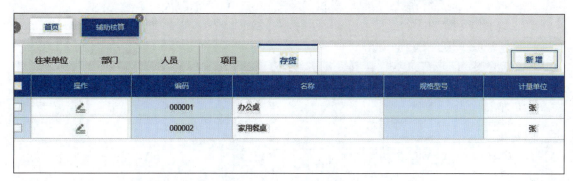

图4-1-27 "存货"页面

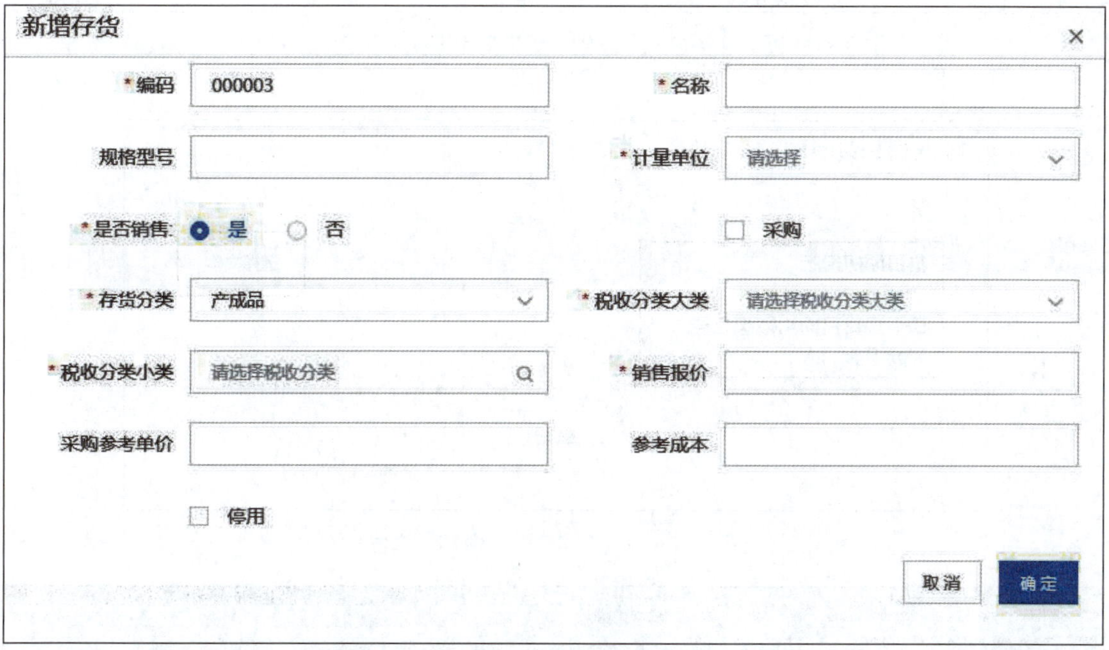

图4-1-28 "新增存货"页面

5. 科目期初录入

科目期初录入就是科目期初余额录入,科目期初余额只能在系统启用月份才可录入,各科目期初余额录入要从末级明细科目录起。具体操作步骤如下:

从导航栏进入"基础设置 科目期初"页面,先点击"导入"按钮,然后在弹出的"导入科目期初"页面下载"科目期初模板",把各科目期初余额录入"科目期初模板",最后在"导入科目期初"页面点击"选择文件"按钮,将各科目期初余额导入系统,如图4-1-29~图4-1-31所示。

图4-1-29 "基础设置-科目期初"页面

图4-1-30 "导入科目期初"页面

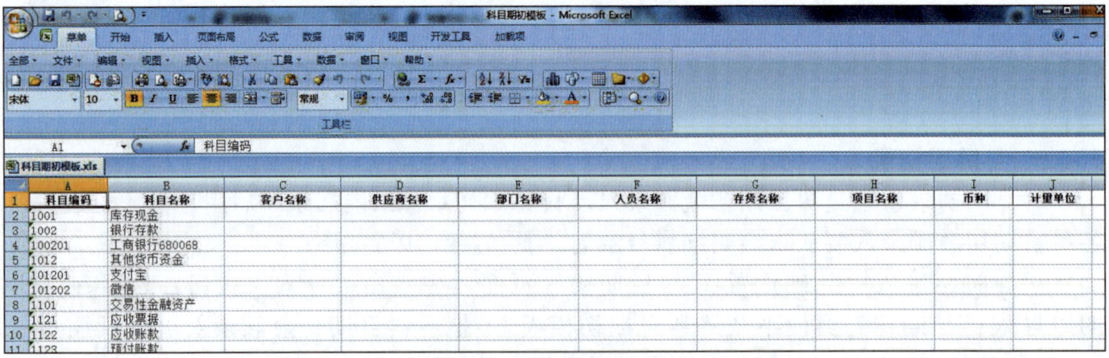

图4-1-31 科目期初模板

6. 现金流量期初录入

从导航栏进入"基础设置–现金流量期初"页面，录入现金流量期初数，若账套启用期间为 1 月，则不用录入现金流量期初数，支持"清除"录入的数据。

7. 币种设置

从导航栏进入"基础设置–币种"页面，在此添加需要的币种，还可以停用、删除不需要的币种，如图 4–1–32 和图 4–1–33 所示。

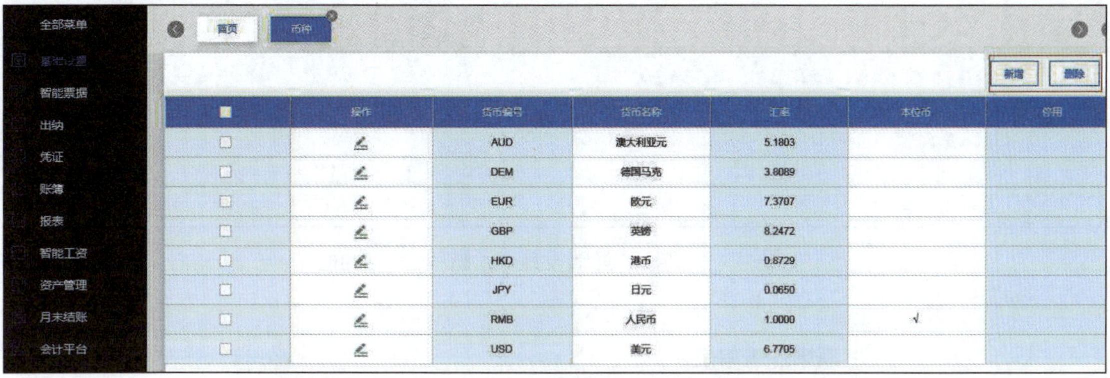

图 4–1–32 "基础设置–币种"页面

图 4–1–33 "新增币种"页面

8. 计量单位设置

从导航栏进入"基础设置–计量单位"页面，在此可以增加、修改数量辅助核算的单位，如图 4–1–34 和图 4–1–35 所示。

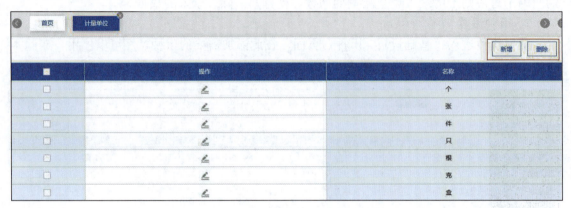

首页
计量单位
新增
删除
操作
名称
个
张
件
只
根
克
盒

图 4-1-34 “基础设置-计量单位”页面

新增计量单位
*名称
取消
确定

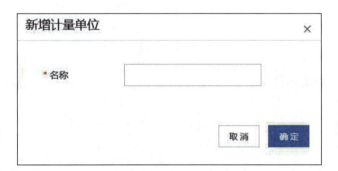

图 4-1-35 “新增计量单位”页面

9. 账龄设置

从导航栏进入“基础设置-账龄设置”页面，在此可以查看账龄划分的期间，账龄分为近期账龄和远期账龄，如图 4-1-36 和图 4-1-37 所示。

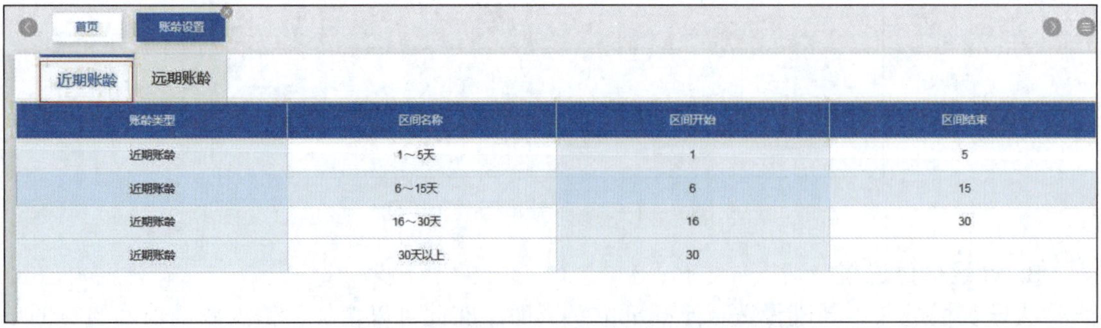

首页
账龄设置
近期账龄
远期账龄
账龄类型
区间名称
区间开始
区间结束
近期账龄
1～5天
1
5
近期账龄
6～15天
6
15
近期账龄
16～30天
16
30
近期账龄
30天以上
30

图 4-1-36 “近期账龄”页面

首页 账龄设置
近期账龄 远期账龄

账龄类型	区间名称	区间开始	区间结束
远期账龄	一个月以内	1	30
远期账龄	1～3个月	31	90
远期账龄	3～6个月	91	180
远期账龄	6～12个月	181	360
远期账龄	12个月以上	360	

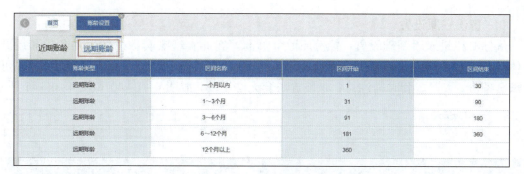

图 4-1-37 “远期账龄”页面

10. 结算方式设置

从导航栏进入“基础设置-结算方式”页面，在此可以新增、删除和停用结算方式，如图 4-1-38 和图 4-1-39 所示。

首页 结算方式

操作	结算方式编	结算方式名称	收	付	标记	开户银行	银行账号	关联科目	停用
新增 删除	10	现金收支	是	是				1001 库存现金	☐
新增 删除	20	银行收支	是	是	银行	工行北京市邦道路支	04747667084726800	100201 银行存款-工	☐
新增 删除	30	微信收支	是	是				1012 其他货币资金	☐
新增 删除	40	支付宝收支	是	是				1012 其他货币资金	☐
新增 删除	50	冲减预收	是		客户			2203 预收账款	☐
新增 删除	60	客户欠款	是		客户			1122 应收账款	☐
新增 删除	70	冲减预付		是	供应商			1123 预付账款	☐
新增 删除	80	欠供应商款		是	供应商			2202 应付账款	☐
新增 删除	90	冲减员工借款		是	员工			122101 其他应收款-	☐
新增 删除	100	员工挂账		是	员工			2241 其他应付款	☐

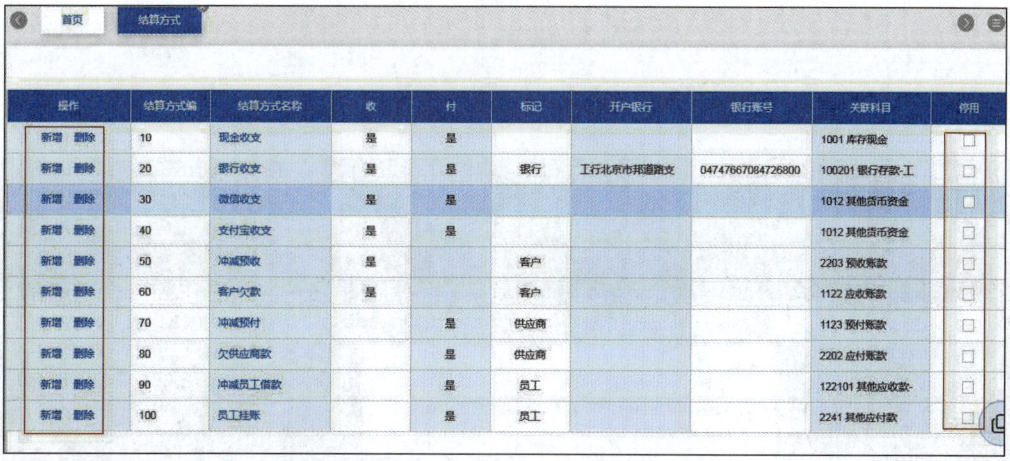

图 4-1-38 “基础设置-结算方式”页面

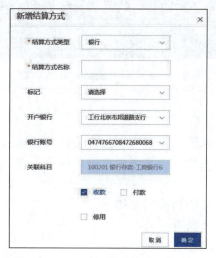

图 4-1-39 “新增结算方式”页面

11. 备份还原设置

从导航栏进入"基础设置–备份还原"页面，在此实现账套数据的手动备份和还原，具体操作步骤是先点击"开始备份"标签，在弹出的"提示"窗口点击"确定"，即可完成账套备份。重置账套时需注意：非预置账套无法重置，如图4-1-40和图4-1-41所示。

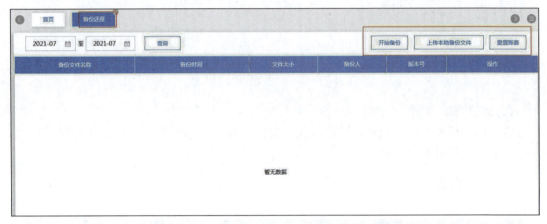

图4-1-40 "基础设置–备份还原"页面

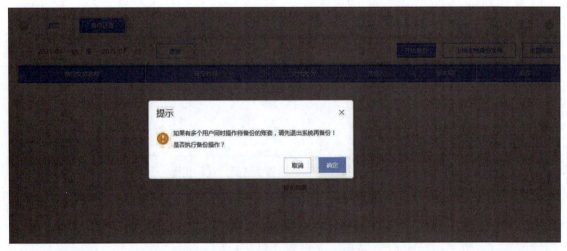

图4-1-41 开始备份"提示"窗口

四、课堂实训

202×年12月1日，在承接了北京草本化妆品有限公司的财税代理服务以后，紫馨财税有限公司管家岗肖飞开始为北京赛唯商贸有限公司进行建立账套的相关操作，为以后对其提供财税代理服务做准备。

北京草本化妆品有限公司的相关信息如下：

公司名称：北京草本化妆品有限公司；

账套编号：L7CXUIQUPS；

建立账套操作步骤

会计准则：2007 企业会计准则；
建账会计期：2021 年 1 月；
统一社会信用代码：9111011666453117AX；
纳税人类型：一般纳税人；
经营地址：北京市海淀区中关村南大街 17 号韦伯时代中心 A 座 1610；
电话：010-53782885；
开户行：北京银行大钟寺支行；
记账本位币：人民币；
人民币单位：元；
行业：工业制造。

任务评价（表 4-1-1）

表 4-1-1 任务评价

共享服务平台工作任务清单	完成情况			
	已完成			未完成
	配分	扣分	用时	（备注）
（一）熟悉财天下的模块功能				
（二）新建账套				
（三）基础设置				
1. 修改账套信息				
2. 个性化设置				
3. 会计科目设置				
4. 辅助核算设置				
5. 科目期初录入				
6. 现金流量期初录入				
7. 币种设置				
8. 计量单位设置				
9. 账龄设置				
10. 结算方式设置				
11. 备份还原设置				

日常业务的智能制单

● 任务导入 ●

紫馨财税有限公司是一家智能财税社会共享服务中心,主要承接中小微企业的代理、外包和企业管家等各项业务。钱晓任职于此,并从事会计核算岗的相关工作。该共享服务中心现与北京赛唯商贸有限公司签订服务合同,接受委托为其提供财税代理服务。据悉,客户为一家商品零售企业,从事各类业务的批发零售业务,每月30日将相关业务的票据移交给财务共享服务中心,钱晓签收与核查客户票据(也叫单据)后,需要依据票据进行日常业务的智能制单工作,他该如何处理此项业务呢?

● 任务分析 ●

1. 需要清楚知道智能制单业务流程;
2. 作为智能财税社会共享服务中心的会计核算岗员工,需要知道如何根据客户票据,采集与整理票据,对票据和业务进行分类,并设置业务类别;
3. 根据客户票据,确定会计分录;
4. 通过票据制单、新增凭证生成记账凭证;
5. 审核生成的记账凭证。

● 相关知识 ●

一、企业常见典型日常业务(Typical Daily Business of The Enterprise)

企业常见典型日常业务包括采购与付款、销售与收款、费用报销、支付货款、缴纳税费等业务。

二、智能制单的业务要领（Business Essentials of Intelligent Bill Making）

日常业务智能制单的处理，首先要确定这些业务的业务类别、票据类别、会计分录，然后以此为依据，分别按业务类别和票据类别设置凭证模板、采集和整理票据、制单与审核。

三、业务类别和票据类别（Class of Business and Class of Bills）

业务类别和票据类别是按照企业的业务特点和票据种类划分的，通常大多数企业常见的日常业务包括采购、销售、费用报销等。

四、各类业务对应的票据（Bills Corresponding To Various Business）

销售业务对应的票据主要有销售发票、收款单据、收款收据、出库单等。

采购业务对应的票据主要有采购发票、付款单据、付款收据、入库单等。

费用报销业务对应的票据主要有费用发票、员工借款单、各种付款单据、付款的收据等。

企业会计准则

中华人民共和国会计法

任务实施

一、实施场景

以智能财税共享服务中心综合实训平台中北京赛唯商贸有限公司——2020年1月日常业务的智能制单为例，该业务的实施场景如下：

在承接了北京赛唯商贸有限公司的财税代理服务以后，紫馨财税有限公司会计核算岗的钱晓依据客户的票据，进行日常业务的智能制单操作。

二、实施要求

请会计核算岗人员钱晓根据北京赛唯商贸有限公司的相关业务进行日常业务的智能制单操作。

三、实施流程

该任务的操作流程如图4-2-1所示。

图4-2-1 日常业务的智能制单操作流程

(一)采购业务智能制单

1. 实施场景

12月2日,北京神龙贸易有限公司从天津明升科技股份有限公司购买XH-G系列设备,从河北大鹏科技有限公司购买SL-A系列设备,收到增值税专用发票,货物未入库,款项未支付。

2. 实施要求

(1)请票据处理岗人员采集票据信息。

(2)请会计核算岗人员根据原始凭证生成记账凭证。

3. 实施步骤

该任务的操作步骤如图4-2-2所示。

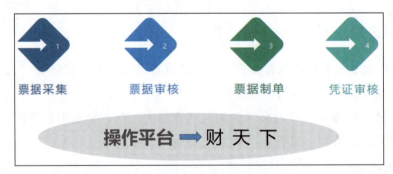

图4-2-2 采购业务智能制单的操作步骤

具体操作步骤如下:

1)票据采集

在财天下点击"票据",再点击"票据采集",最后点击"教学票据采集",进行票据采集操作,如图4-2-3和图4-2-4所示。

工作领域四
财务核算与制单

图4-2-3 "财天下-票据"窗口

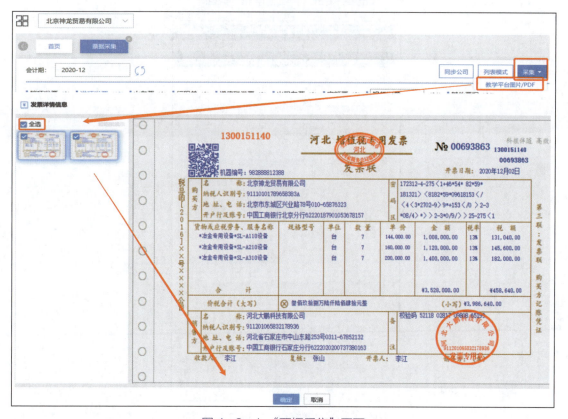

图4-2-4 "票据采集"页面

2）票据审核

根据采集的发票，对"票据信息"和"行信息"逐行核查，无误后，点击"审核"，如图4-2-5和图4-2-6所示。

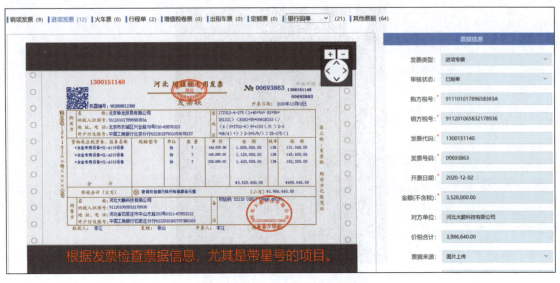

图4-2-5 "票据审核"页面

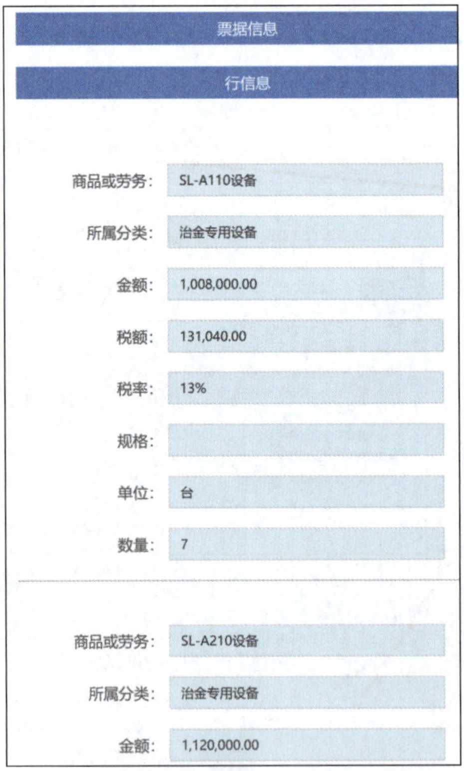

图4-2-6 "票据信息、行信息"页面

3)票据制单

点击"凭证-票据制单-进项发票",查看智能制单凭证,并检查单据科目、金额、摘要等事项,如图4-2-7和图4-2-8所示。

工作领域四 财务核算与制单

图 4-2-7 "财天下-票据制单"窗口

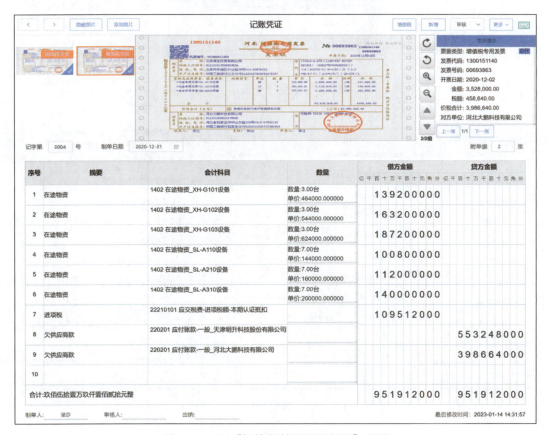

图 4-2-8 "智能制单的记账凭证"页面

4）凭证审核

由凭证审核人点击审核后，记账凭证显示"已审核"状态。审核后的记账凭证如需修改，可通过点击"反审核"按键返回编辑凭证状态，如图 4-2-9 和图 4-2-10 所示。

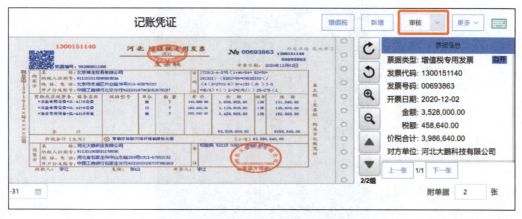

图 4-2-9 "凭证审核"页面

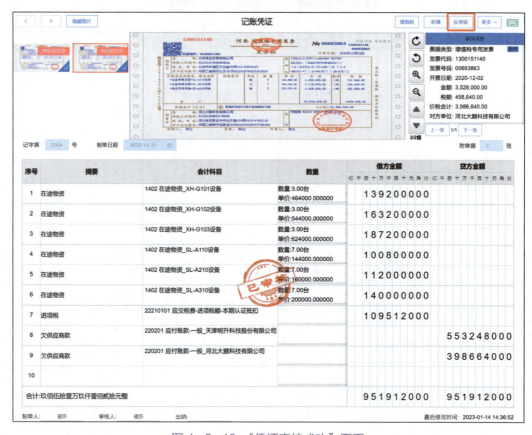

图 4-2-10 "凭证审核成功"页面

（二）销售业务智能制单

1. 实施场景

12 月 8 日，北京神龙贸易有限公司向成都欣悦股份有限公司销售商品一批，商品已发出，并开具增值税专用发票，货款未收到。另发生运输费用 13 080.00 元，出纳以现金支付。

开票信息如下：

（商品和服务税收分类：制剂生产设备）XH-G101 设备；

（商品和服务税收分类：制剂生产设备）XH-G102 设备；

（商品和服务税收分类：制剂生产设备）XH-G103 设备；

（商品和服务税收分类：其他冶金专用设备）SL-A110 设备；

（商品和服务税收分类：其他冶金专用设备）SL-A210 设备；

（商品和服务税收分类：其他冶金专用设备）SL-A310 设备。

客户名称：成都欣悦股份有限公司。

纳税识别号：911201065717178934。

公司地址：四川省成都市高新区明辉路 358 号。

电话：028-87356721。

开户行：中国工商银行成都分行。

开户行账号：6222000205053781571。

2. 实施要求

（1）请涉税服务岗人员修改发票限额为 10 000 000 元，并开具增值税专用发票（税控盘密码：88888888）；

（2）请票据处理岗人员采集票据信息；

（3）请会计核算岗人员根据原始凭证生成记账凭证；

（4）请审核管家岗人员审核记账凭证。

3. 实施步骤

该任务的操作步骤如图 4-2-11 所示。

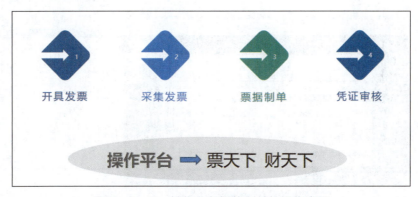

图 4-2-11 销售业务智能制单的操作步骤

具体操作步骤如下：

1）开具发票

进入票天下，在"税控管理-开票网点管理"修改发票限额、查看税控盘密码，在"云开票-发票登记"中领购发票，接着找到"基础设置-客户信息管理"新增客户信息，在"基础设置-商品服务档案"新增商品信息，最后点击"云开票-发票开具"，开具销售发票，如图 4-2-12 所示。

图 4-2-12 开具销售发票

2）采集发票

进入财天下，点击"票据-票据采集"，采集教学平台图片/PDF，进行票据采集操作，并对票据审核，注意出库单暂时不需要审核，如图 4-2-13 所示。

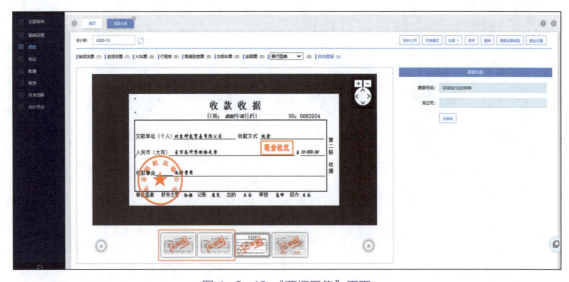

图 4-2-13 "票据采集"页面

3）票据制单

（1）在财天下，点击"凭证-票据制单-销项发票"，查看智能制单凭证，并添加相关原始单据购销合同，如图 4-2-14 和图 4-2-15 所示。

图 4-2-14 "票据制单-销项发票"页面

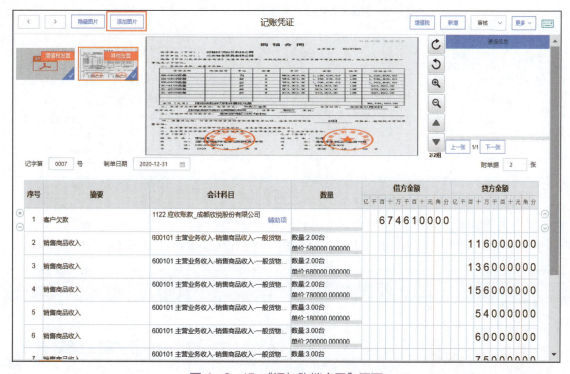

图 4-2-15 "添加购销合同"页面

（2）点击"凭证-票据制单-进项发票"，先取消凭证，修改业务类型为"报销运输仓储费"后，重新生成凭证，最后打开凭证，添加相关原始单据收款收据，如图 4-2-16 和图 4-2-17 所示。

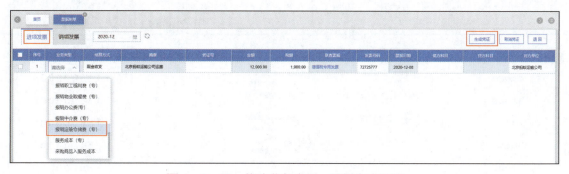

图 4-2-16 修改业务类型，重新生成凭证

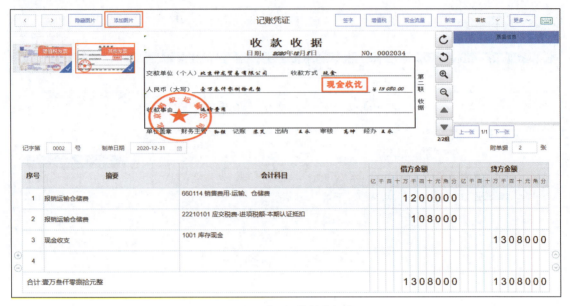

图4-2-17 "添加收款收据"页面

4)凭证审核

检查凭证无误,由凭证审核人点击"审核",进行凭证审核,如图4-2-18所示。

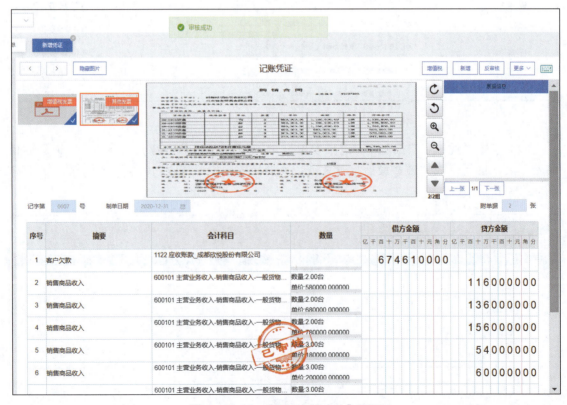

图4-2-18 "凭证审核成功"页面

（三）费用报销业务智能制单

1. 实施场景

12月9日，销售部孙青报销差旅费3 500元，出纳以现金支付。

2. 实施要求

（1）请票据处理岗人员采集票据信息。

（2）请会计核算岗人员根据原始凭证生成记账凭证。

3. 实施步骤

该任务的操作步骤如图4-2-19所示。

图4-2-19 费用报销业务智能制单的操作步骤

具体操作步骤如下：

1）票据采集

在财天下点击"票据"，再点击"票据采集"，最后点击"采集"，进行票据采集操作，注意：增值税发票和费用报销单都应调整到其他票据里，飞机票放在行程单里，无须调整，如图4-2-20所示。

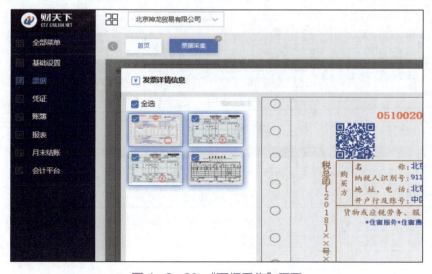

图4-2-20 "票据采集"页面

2）票据审核

对刚才采集的票据进行审核，如图4-2-21～图4-2-23。

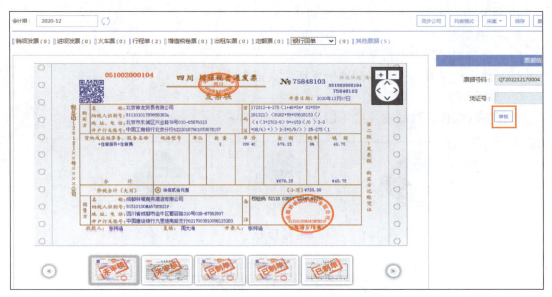

图4-2-21 "住宿发票的票据审核"界面

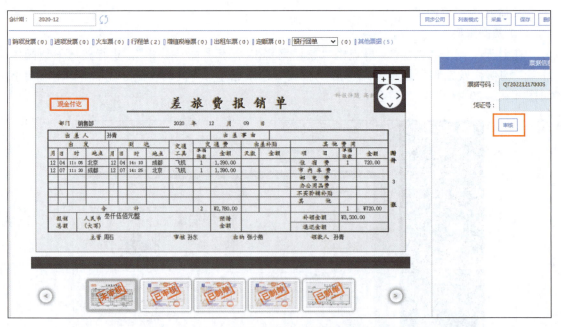

图4-2-22 "差旅费报销单的票据审核"界面

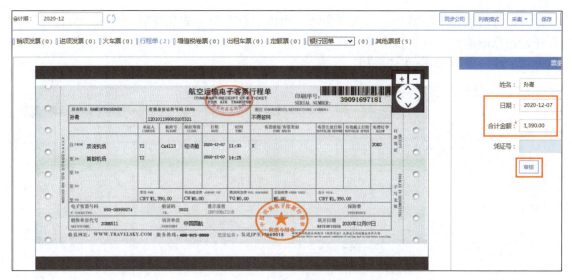

图 4-2-23 “行程单的票据审核”界面

3）生成凭证

（1）在财天下，点击“凭证－费用报销单”，选择费用类型为“国内航空铁路旅客运输”服务后，系统自动关联出业务类型为“报销差旅费（专）”，结算方式勾选为“现金收支”，价税合计录入为“2 780.00”，系统自动算出金额和税额，发票类型勾选为“行程单”，并上传 2 张行程单作为附件，系统自动关联份数为 2，税率勾选“旅客运输”，报销人选择“孙青”，如图 4-2-24。

报销单号	业务类型	费用类型	结算方式	份数	价税合计	金额	税额	发票类型	附件	税率	凭证	报销人
	报销差旅费（专）	国内航空铁路旅客运输	现金收支	2	2,780.00	2,550.46	229.54	行程单		旅客运输		孙青

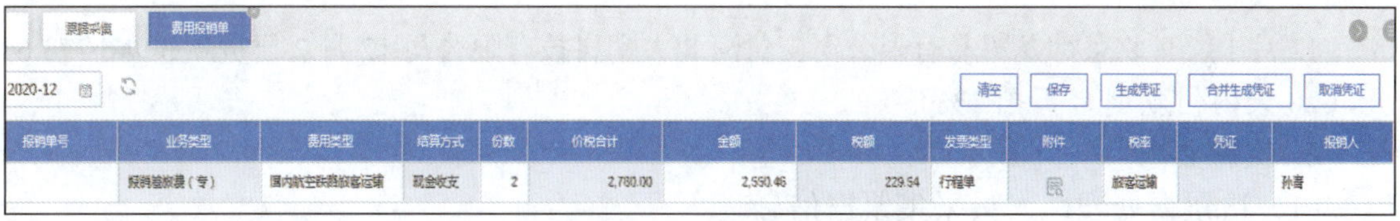

图 4-2-24 行程单费用报销单记录

（2）继续在“费用报销单”界面点击“+”号，添加下一条记录。选择费用类型为“差旅费”后，系统自动关联出业务类型为“报销差旅费”，结算方式勾选为“现金收支”，价税合计录入为“720.00”，再录入税额“40.75”，系统自动算出金额，发票类型勾选为“其他票据”，并上传 1 张住宿发票作为附件，系统自动关联份数为 1，税率不勾选，报销人选择“孙青”，如图 4-2-25。

业务类型	费用类型	结算方式	份数	价税合计	金额	税额	发票类型	附件	税率	凭证	报销人
报销差旅费（专）	国内航空铁路旅客运输	现金收支	2	2,780.00	2,550.46	229.54	行程单		旅客运输		孙青
报销差旅费	差旅费	现金收支	1	720.00	679.25	40.75	其他票据				孙青

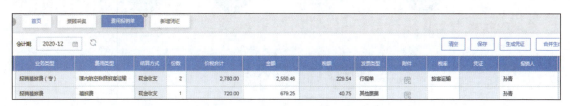

图 4-2-25 住宿发票费用报销单记录

（3）对两条费用报销单记录进行全选，点击"合并"生成凭证后，点击"凭证号"联查凭证。点击添加图片，双击"差旅费报销单"图片，修改"管理费用-差旅费"为"销售费用-差旅费"，如图4-2-26。

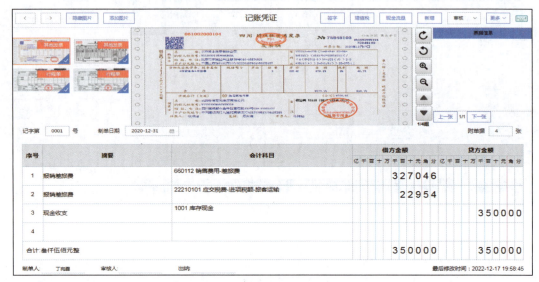

图4-2-26　差旅费报销生成的凭证

（四）支付业务智能制单

1. 实施场景

12月18日，北京神龙贸易有限公司支付河北大鹏科技有限公司12月2日货款3 946 773.60元（20天内付款现金折扣1%）。

2. 实施要求

（1）请票据处理岗人员采集票据信息。
（2）请会计核算岗人员根据原始凭证生成记账凭证。
（3）请审核管家岗人员审核记账凭证。

3. 实施步骤

该任务的操作步骤如图4-2-27所示。

图4-2-27　支付业务智能制单的操作步骤

具体操作步骤如下：
1）票据采集
在财天下点击"智能票据"，再点击"票据采集"，最后点击"采集"，进行票据采集操作，如图4-2-28所示。

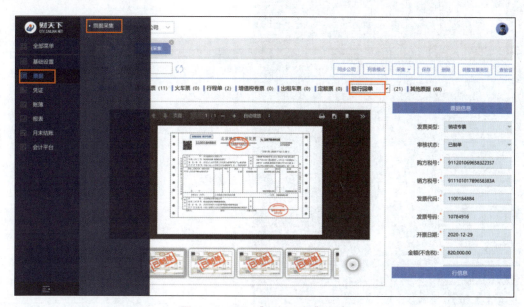

图4-2-28 "票据采集"页面

2）票据审核
选择"银行回单"，对刚才采集的票据进行审核，核对信息是否正确，修改无误后点击"审核"，完成票据审核工作，如图4-2-29所示。

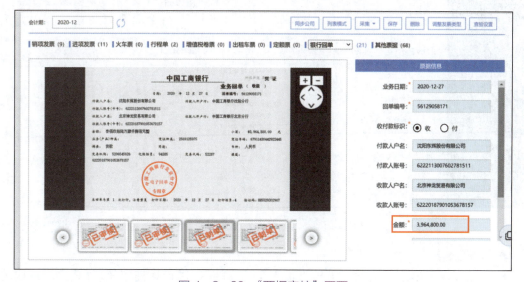

图4-2-29 "票据审核"页面

3）新增凭证

在财天下点击"凭证-新增凭证"，如图 4-2-30 所示。输入凭证信息，并保存，如图 4-2-31 所示。

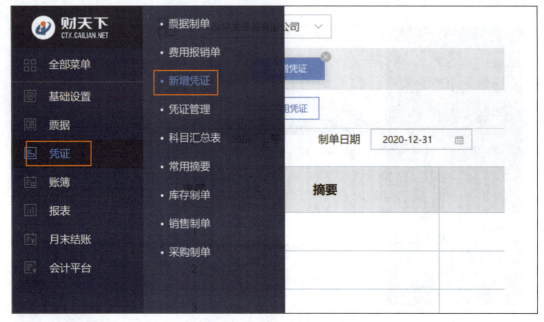

图 4-2-30 "凭证-新增凭证"页面

图 4-2-31 输入凭证信息并保存

4）凭证审核

检查凭证，无误后，由凭证审核人员点击"审核"，进行凭证审核，"凭证审核成功"页面如图 4-2-32 所示。

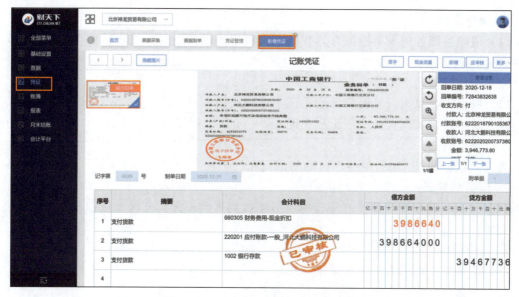

图4-2-32 "凭证审核成功"页面

四、课堂实训

2020年1月1日,在承接了北京赛唯商贸有限公司的财税代理服务以后,紫馨财税有限公司财务人员开始为北京赛唯商贸有限公司进行智能制单业务操作,相关的任务场景和操作要求如下:

1. 任务场景一

1月2日,北京赛唯商贸有限公司采购部与北京博为贸易有限公司签订购销合同,采购家用餐桌1 200张,当日收到对方开具的增值税专用发票和该批货物,货款尚未支付。

1)操作要求

(1)请票据处理岗人员采集票据。

(2)请会计核算岗人员根据原始凭证生成记账凭证。

(3)请审核管家岗人员审核记账凭证。

2)备注

通过"票据制单–采购发票"自动生成记账凭证。

2. 任务场景二

1月12日,北京赛唯商贸有限公司销售部与北京皇英工贸有限公司签订购销合同,销售办公桌100张,不含税单价150元,申请开具增值税专用发票,当日仓管部发出该批货物,款项未收到。

购买方名称:北京皇英工贸有限公司;

纳税人类型:一般纳税人;

纳税人识别号:91110111M947607910;

地址及电话:北京市亮迈路094号,010-05301201;

开户行及账号:工行北京市诗通路支行,9453841459626106052。

1）操作要求

（1）请涉税服务岗人员根据合同开具不含税增值税专用发票（商品和服务税收分类：木质家具）。

（2）请票据处理岗人员采集票据。

（3）请会计核算岗人员根据原始凭证生成记账凭证。

（4）请审核管家岗人员审核记账凭证。

2）备注

通过"票据制单－销售发票"自动生成记账凭证。

3. 任务场景三

1月12日，北京赛唯商贸有限公司财务部收到采购部张英差旅费报销单，出纳以银行转账支付。

1）操作要求

（1）请票据处理岗人员采集票据。

（2）请会计核算岗人员根据原始凭证合并制单，生成一张记账凭证。

（3）请审核管家岗人员审核记账凭证。

2）备注

（1）采集银行回单调整至其他票据类型。

（2）采集增值税发票调整至费用增值税发票类型。

（3）通过"票据制单－费用发票"合并生成记账凭证。

4. 任务场景四

1月16日，北京赛唯商贸有限公司收到北京皇英工贸有限公司银行转账支付货物欠款16 950元。

1）操作要求

（1）请票据处理岗人员采集票据。

（2）请会计核算岗人员根据原始凭证生成记账凭证。

（3）请审核管家岗人员审核记账凭证。

2）备注

通过"票据制单－银行回单"自动生成记账凭证。

任务评价（表4-2-1）

表4-2-1 任务评价

共享服务平台工作任务清单	完成情况			
	已完成			未完成
	配分	扣分	用时	（备注）
1. 采购业务智能制单				
2. 销售业务智能制单				
3. 费用报销业务智能制单				
4. 支付业务智能制单				

工作领域四 财务核算与制单

智能薪资业务的处理

任务导入

紫馨财税有限公司是一家智能财税社会共享服务中心,主要承接中小微企业的代理、外包和企业管家等各项业务。张成任职于此,分管智能薪资业务处理工作。该共享服务中心现在与一个新客户签订了服务合同,接受委托为其提供智能薪资业务处理服务。那么,他该如何处理此项业务呢?

任务分析

1. 需要清楚知道智能薪资业务的工作范围和技能要求;
2. 帮助客户计算职工工资、个税及五险一金;
3. 帮助客户发放职工工资。

相关知识

一、工资的构成(Composition of Wages)

关于工资的构成,各企业可以根据不同情况作出不同的具体规定。其组成部分可以按劳动结构的划分或多或少,各个组成部分的比例,可以依据生产和分配的需要或大或小,没有固定的格式。一般包括五个部分:基础工资、岗位(职务)工资或技能工资、效益工资、浮动工资、年功工资。

(一)基础工资

基础工资即保障职工基本生活需要的工资。设置这一工资的目的是保证维持劳动力的简单再生产。基础工资主要采取按绝对额或按系数两种办法确定和发放。

1. 按绝对额办法

按绝对额，主要是考虑职工基本生活费用及占总工资水平的比重，统一规定同一数额的基础工资。

2. 按系数

按系数，主要是考虑职工现行工资关系和占总工资水平的比重，按大体统一的参考工资标准规定的职工本人工资的一定百分比确定基础工资。

（二）岗位（职务）工资或技能工资

岗位（职务）工资或技能工资是根据岗位（职务）的技术、业务要求、劳动繁重程度、劳动条件好差、所负责任大小等因素来确定的。它是结构工资制的主要组成部分，发挥着激励职工努力提高技术、业务水平，尽力尽责完成本人所在岗位（职务）工作的作用。岗位（职务）工资有两种具体形式：一种是采取岗位（职务）等级工资的形式，岗（职）内分级，一岗（职）几薪，各岗位（职务）工资上下交叉；另一种是采取一岗（一职）一薪的形式。岗位（职务）工资标准一般按行政管理人员、专业技术人员、技术工人、非技术工人分别列表。

（三）效益工资

效益工资是根据企业的经济效益和职工实际完成的劳动数量和质量支付给职工的工资。效益工资发挥着激励职工努力实干，多做贡献的作用。效益工资没有固定的工资标准，它一般采取奖金或计件工资的形式，全额浮动，对职工个人上不封顶、下不保底。

（四）浮动工资

浮动工资是劳动者劳动报酬随着企业经营好坏及劳动者劳动贡献大小而上下浮动的一种工资形式。其形式多样，有利于调动职工劳动的积极性，促使职工关心集体事业。

（五）年功工资

年功工资是根据职工参加工作的年限，按照一定标准支付给职工的工资。它是用来体现企业职工逐年积累的劳动贡献的一种工资形式。它有助于鼓励职工长期在所在企业工作并多做贡献，同时，又可以适当调节新老职工的工资关系。年功工资采取按绝对额或按系数两类形式发放的办法。

1. 按绝对额

按绝对额又可分为按同一绝对额或分年限按不同绝对额的办法发放。

2. 按系数

按系数又可分为按同一系数或按不同系数增长的办法发放。一般来说，增加年功工资，主要取决于职工工龄的增长，同时还取决于职工的实际劳动贡献大小和企业经济效益好坏。只有这样，才能更好地发挥这一工资组成部分的作用。

各个组成部分又具有内在的联系，互相依存，互相制约，形成一个有机的统一体。

二、个人所得税的相关知识（Knowledge of Personal Income Tax）

（一）纳税人

在中国境内有住所，或者无住所而一个纳税年度内在中国境内居住累计满 183 天的个人，为居民个人。居民个人从中国境内和境外取得的所得，依照税法规定缴纳个人所得税。

在中国境内无住所又不居住，或者无住所而一个纳税年度内在中国境内居住累计不满 183 天的个人，为非居民个人。非居民个人从中国境内取得的所得，依照税法规定缴纳个人所得税。

（二）税目

下列各项个人所得，应当缴纳个人所得税：
（1）工资、薪金所得；
（2）劳务报酬所得；
（3）稿酬所得；
（4）特许权使用费所得；
（5）经营所得；
（6）利息、股息、红利所得；
（7）财产租赁所得；
（8）财产转让所得；
（9）偶然所得。

（三）税率

1. 综合所得税率

综合所得税率，适用 3%～45% 的超额累进税率，如表 4-3-1 所示。

表 4-3-1 综合所得税率

级数	全年应纳税所得额	税率/%	速算扣除数/元
1	不超过 36 000 元的	3	0
2	超过 36 000 元至 144 000 元的部分	10	2 520
3	超过 144 000 元至 300 000 元的部分	20	16 920
4	超过 300 000 元至 420 000 元的部分	25	31 920
5	超过 420 000 元至 660 000 元的部分	30	52 920
6	超过 660 000 元至 960 000 元的部分	35	85 920
7	超过 960 000 元的部分	45	181 920

2. 经营所得税率

经营所得税率，适用 5%～35% 的超额累进税率，如表 4-3-2 所示。

表 4-3-2　经营所得税率

级数	全年应纳税所得额	税率/%	速算扣除数/元
1	不超过 30 000 元的	5	0
2	超过 30 000 元至 90 000 元的部分	10	1 500
3	超过 90 000 元至 300 000 元的部分	20	10 500
4	超过 300 000 元至 500 000 元的部分	30	40 500
5	超过 500 000 元的部分	35	65 500

3. 比例税率

利息、股息、红利所得，财产租赁所得，财产转让所得和偶然所得，适用比例税率，税率为 20%。

（四）计算方法

应纳税所得额=月度收入－5 000 元（免征额）－专项扣除（三险一金等）－
　　　　　　　专项附加扣除－依法确定的其他扣除

新个税法于 2019 年 1 月 1 日起施行，2018 年 10 月 1 日起施行最新免征额和税率。新个税法规定，自 2018 年 10 月 1 日至 2018 年 12 月 31 日，纳税人的工资、薪金所得，先行以每月收入额减除费用 5 000 元以及专项扣除和依法确定的其他扣除后的余额为应纳税所得额，依照个人所得税率表（综合所得适用）按月换算后计算缴纳税款，并不再扣除附加减除费用。

三、五险一金（Five Social Insurance and One Housing Fund）

（一）五险一金的概念

五险指的是五种保险，包括养老保险、医疗保险、失业保险、工伤保险和生育保险，一金指的是住房公积金。其中养老保险、医疗保险和失业保险，这三种险是由企业和个人共同缴纳的保费，工伤保险和生育保险完全是由企业承担的，个人不需要缴纳。

（二）五险一金的缴费比例

养老保险公司缴纳 16%，个人缴纳 8%；医疗保险公司缴纳 10%，个人缴纳 2%；失业保险公司缴纳 0.8%，个人缴纳 0.2%；工伤保险和生育保险只需公司缴纳，个人不用缴纳；住房公积金根据企业的实际情况，选择住房公积金缴费比例，下限为 5%，最高不超 12%。

个人所得税专项附加
扣除暂行办法

任务实施

一、实施场景

以智能财税共享服务中心综合实训平台中北京赛唯商贸有限公司——2020年1月的日常账务处理业务21为例，该业务的实施场景如下：

1月31日，北京赛唯商贸有限公司计提当月应发工资，计提公司承担的社会保险费、住房公积金，并发放当月工资。

二、实施要求

（1）请票据处理岗人员采集票据。

（2）请会计核算岗人员在智能工资模块中同步人员信息（即完成人员基本信息采集），并进行当期确认。

（3）请会计核算岗人员在智能工资模块中计算实发工资、个税及五险一金。

（4）请会计核算岗人员在智能工资模块中自动生成相应记账凭证，并查看保存记账凭证。

（5）请审核管家岗人员审核记账凭证。

备注：采集银行回单调整至其他票据类型。

三、实施步骤

该任务的操作流程如图4-3-1所示。

采集票据

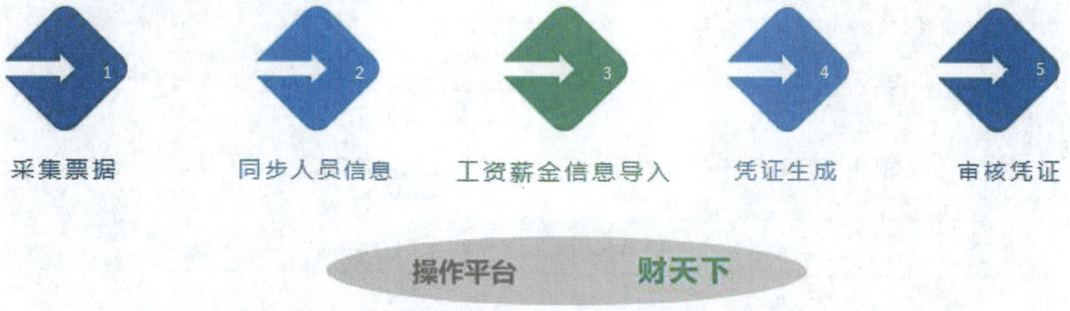

同步人员信息

工资薪金信息导入

凭证生成

审核凭证

操作平台　　财天下

图4-3-1　智能薪资业务的操作流程

智能薪资业务的操作流程

具体操作步骤如下：

1. 票据采集

在财天下点击"智能票据"，再点击"票据采集"，最后点击"教学票据采集"，进行票据采集操作，注意：采集银行回单调整至其他票据类型，并对该票据进行审核，如图4-3-2~图4-3-4所示。

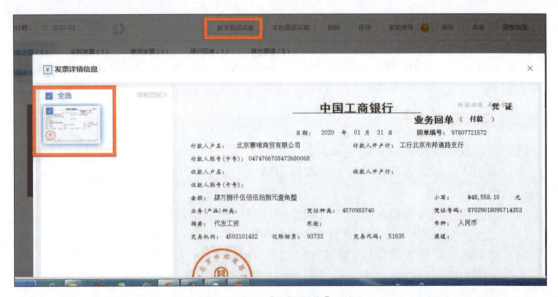

图4-3-2 "票据采集"页面

图4-3-3 调整票据类型

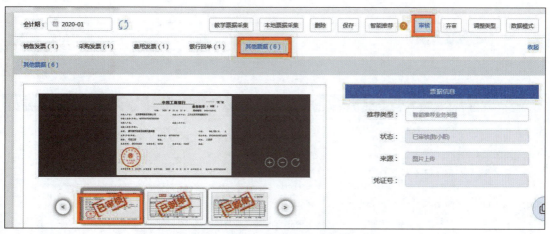

图4-3-4 "票据审核"页面

2. 人员基本信息采集（同步人员信息）

在财天下点击"智能工资"，再点击"人员基本信息采集"，在"人员基本信息采集"页面点击"同步人员信息"，最后点击"当期确认"，如图4-3-5和图4-3-6所示。

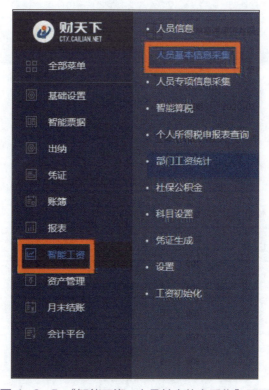

图4-3-5 "智能工资-人员基本信息采集"页面

图4-3-6 "同步人员信息"页面

3. 工资薪金信息导入

(1) 在财天下点击"智能工资",再点击"智能算税";如图4-3-7所示。

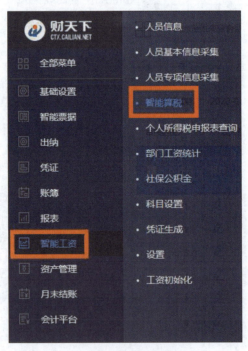

图4-3-7 "智能工资-智能算税"页面

(2) 在"智能算税"页面,点击"工资薪金信息导入",再点击右边"导入"按钮,然后点击"平台导入",选择"北京赛唯商贸有限公司1月工资导入信息"文档,最后点击"开始上传",如图4-3-8和图4-3-9所示。

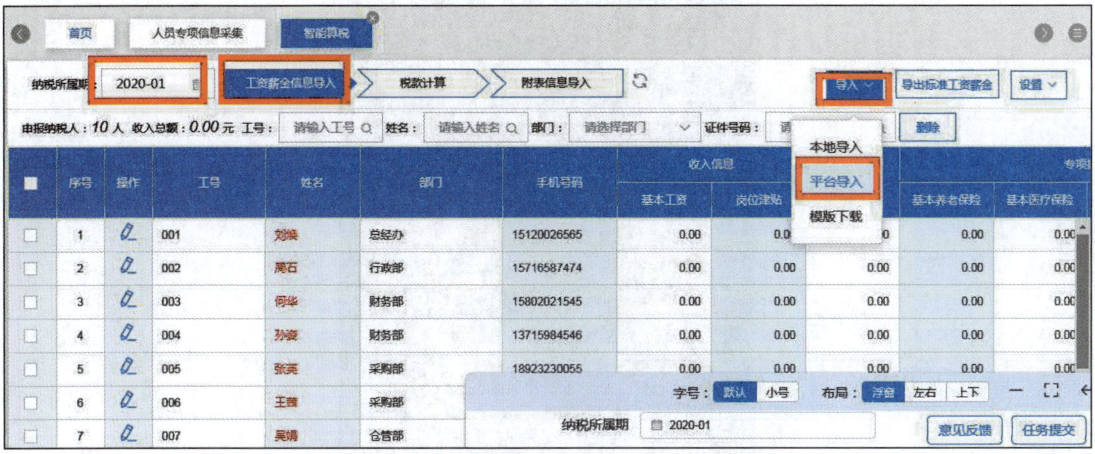

图4-3-8 "工资薪金信息导入"页面

图4-3-9 "工资薪金信息导入成功"页面

(3)在"智能算税"页面,点击"税款计算"按钮,再点击"计算"按钮即可。

4. 凭证生成

点击"智能工资",再点击"凭证生成",最后点击"计算"按钮即可。如图4-3-10~图4-3-13所示。

图4-3-10 "智能工资-凭证生成"页面

图4-3-11 "计提1月工资"凭证

图4-3-12 "代扣1月三险一金和个税,发放1月工资"凭证

图 4-3-13 "计提1月公司承担的五险一金"凭证

5. 凭证审核

检查凭证，无误，由凭证审核人员点击"审核"，进行凭证审核，如图 4-3-14～图 4-3-16 所示。

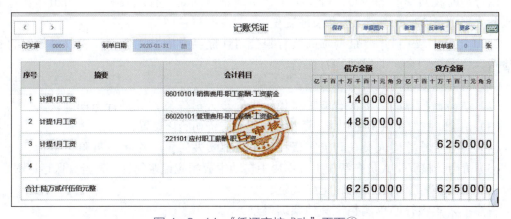

图 4-3-14 "凭证审核成功"页面①

图 4-3-15 "凭证审核成功"页面②

图4-3-16 "凭证审核成功"页面③

四、课堂实训

以智能财税共享服务中心综合实训平台中北京赛唯商贸有限公司——2020年2月的日常账务处理业务 22 为例，计提并发放工资。

2020 年 2 月 29 日，北京赛唯商贸有限公司计提当月应发工资，计提公司承担的社会保险费、住房公积金，并发放当月工资。

（1）请票据处理岗人员采集票据。
（2）请会计核算岗人员在智能工资模块中同步人员信息，并进行当期确认。
（3）请会计核算岗人员在智能工资模块中进行工资初始化设置。
（4）请会计核算岗人员在智能工资模块中计算实发工资、个税及五险一金。
（5）请会计核算岗人员在智能工资模块中自动生成相应记账凭证，并查看保存记账凭证。
（6）请审核管家岗人员审核记账凭证。

备注：采集银行回单调整至其他票据类型。

任务评价（表4-3-3）

表4-3-3 任务评价

共享服务平台工作任务清单	完成情况			
	已完成			未完成
	配分	扣分	用时	（备注）
票据采集				
人员基本信息采集				
工资薪金信息导入				
凭证生成				
审核凭证				

任务 4 固定资产的管理与核算

任务导入

杭州康健医疗器械有限公司（以下简称公司、杭州康健公司或杭州康健）始建于2016年，注册资本5 000万元，现有职工50人，主要经营医疗器械的生产和销售，其产品全部销往国内市场。公司为一般纳税人，人民币为记账本位币，是商品流通中型企业。公司设立行政部、财务部、采购部、销售部、库管部、生产部6个部门。刘佳任职于公司财务部，分管公司固定资产的管理与核算工作。那么，刘佳该如何开展固定资产的管理与核算工作呢？

任务分析

1. 需要清晰了解固定资产的管理与核算工作的岗位工作范围及职责；
2. 需要掌握智能财税系统中固定资产卡片的管理、固定资产的变动处理、固定资产的折旧处理及固定资产的处置操作；
3. 能理解固定资产在整个工作中的关键作用，并能联系上下游工作链展开工作。

相关知识

一、固定资产分类（Classification of Fixed Assets）

企业的固定资产根据不同的管理需要和核算要求，按不同的标准进行分类，如按经济用途分类、按使用情况分类、按所有权分类等，在实际工作中，通常将固定资产按经济用途和使用情况进行分类，分为七大类：

（1）生产经营用固定资产；
（2）非生产经营用固定资产；
（3）租出固定资产；
（4）不需用固定资产；
（5）未使用固定资产；

（6）融资租入固定资产；

（7）土地，指过去已经估价单独入账的土地，因征地而支付的补偿费，应计入与土地有关的房屋、建筑物的价值内，不单独作为土地价值入账，企业取得的土地使用权应作为无形资产管理，不作为固定资产管理。

由于企业的经营性质不同，经营规模各异，对固定资产的分类不可能完全一致，也没必要强求统一，企业可以根据各自的具体情况和经营管理、会计核算的需要进行必要的分类。

二、固定资产的账务处理基本规则（Basic Rules of Fixed Assets Accounting Treatment）

固定资产的账务处理主要包括固定资产增加、减少、报废、毁损的会计处理；固定资产折旧的账务处理；固定资产修理、改良的账务处理等。为了反映和监督固定资产的取得、计提折旧和处置等情况，企业一般需要设置"固定资产""累计折旧""在建工程""工程物资""固定资产清理"等科目。此外，企业的固定资产、在建工程、工程物资发生减值的，还应当设置"固定资产减值准备""在建工程减值准备""工程物资减值准备"等科目进行核算，学生应掌握以上各情形的账务处理规则。

三、固定资产的减少（如出售、毁损、报废）的会计处理（Accounting Treatment For Reduction In Fixed Assets）

企业因出售、毁损、报废等原因减少的固定资产应通过"固定资产清理"账户核算。企业处置固定资产，应当将取得的价款扣除该固定资产账面价值以及出售的相关税费后的差额作为资产处置损益。因固定资产已丧失使用功能或固定资产因自然灾害发生毁损等原因而报废清理产生的利得或损失应计入营业外收支。

四、固定资产减值的分析确定（The Analysis of Impairment of Fixed Assets is Determined）

固定资产的初始入账价值是历史成本，由于固定资产使用年限较长，市场条件和经营环境的变化、科学技术的进步以及企业经营管理不善等原因，都可能导致固定资产创造未来经济利益的能力大大下降。因此，固定资产的真实价值有可能低于账面价值，在期末必须对固定资产减值损失进行确认。固定资产在资产负债表日存在可能发生减值的迹象时，其可收回金额低于账面价值的，企业应当将该固定资产的账面价值减计至可收回金额，减计的金额确认为减值损失，计入当期损益，同时计提相应的资产减值准备（固定资产的账面价值＝固定资产原值－已计提的累计折旧－已计提的减值准备），固定资产减值损失一经确认，在以后会计期间不得转回。判断固定资产存在减值，需同时满足以下两个条件：

（1）固定资产的存在不能为企业带来盈利；

（2）固定资产的销售净价低于其账面价值。

根据上述判断标准，某些固定资产虽然其市价低于其账面价值，但由于其仍能为企业净利润做贡献，因此可认为其不需计提减值准备。

五、固定资产减值的会计处理（Accounting Treatment of Impairment of Fixed Assets）

计提减值准备时，会计处理如下：
借：资产减值损失——计提的固定资产减值准备
　　贷：固定资产减值准备

注意：固定资产减值损失一经确认，在以后会计期间不得转回。但在遇到固定资产处置、出售、对外投资等情况时，同时符合固定资产终止确认条件的，企业应将固定资产减值准备予以转销。

六、固定资产的不同折旧方法及其计算（Different Depreciation Methods of Fixed Assets and Their Calculation）

（一）固定资产折旧的含义

固定资产折旧是指在固定资产使用寿命内，按照确定的方法对应计折旧额进行系统分摊。固定资产折旧的过程，实际上是一个持续的成本分配过程，即把固定资产的损耗以计提折旧形式分配到相关成本和费用中去，以正确计算损益。

（二）固定资产折旧的方法

固定资产折旧的方法主要有直线折旧法（简称直线法）和加速折旧法（简称加速法）。目前更多的企业采用的是直线折旧法。

直线折旧法和加速折旧法的区别如下：

1. 原理不同

1）直线折旧法

直线折旧法又称为平均年限法，是指将固定资产按预计使用年限平均计算折旧均衡地分摊到各期的一种方法。采用这种方法计算的每期（年、月）折旧额都是相等的。

2）加速折旧法

加速折旧法是指在固定资产使用前期提取折旧较多，后期提取较少，使固定资产价值在使用年限内尽早得到补偿。这种计提折旧的方法是国家先让利给企业，加速回收投资，增强还贷能力。因此，只对某些确有特殊原因的企业才准许采用加速折旧法。

2. 计算方法不同

1）直线折旧法

在不考虑减值准备的情况下，其计算公式如下：

固定资产年折旧率＝（1－预计净残值率）/预计使用寿命（年）

固定资产月折旧率＝年折旧率/12

固定资产月折旧额＝固定资产原值×月折旧率

2）加速折旧法

年数总和法：以呈递减状态的年数分数对成本进行分配的方法。

定率递减法：以固定比率和递减的折旧基础对成本进行分配的方法。

七、固定资产折旧的会计处理（Accounting Treatment of Depreciation of Fixed Assets）

固定资产的折旧费用，应根据固定资产的受益对象分配计入有关的成本或费用中。

其会计处理如下：

借：管理费用/制造费用/销售费用/其他业务成本/在建工程等

　　贷：累计折旧

任 务 实 施

一、实施场景

以智能财税共享服务中心实训平台中杭州康健医疗器械有限公司的固定资产账务处理业务为例，该业务的实施场景如下：

1. 杭州康健公司信息

根据杭州康健医疗器械有限公司提供的信息，进行账套基础设置，公司设立行政部、财务部、采购部、销售部、库管部、生产部 6 个部门。

个性化设置：默认会计期为最小未结账会计月月末；

客户辅助核算：应收票据、应收账款、预收账款；

供应商辅助核算：应付票据、应付账款、预付账款；

公司名称：杭州康健医疗器械有限公司；

建账会计期：2020 年 5 月；

统一社会信用代码（纳税人识别号）：91110106469069096C；

法人代表：汪鑫；

经营地址：杭州市余杭区经济技术开发区 1 号；

电话：0571-57982828；

开户行：中国银行杭州市余杭支行（基本存款账户）；

开户行银行账号：6216612800013578655；

传真：0571-57982828；

E-mail：kjyl@yh.com.cn；

记账本位币：人民币；

人民币单位：元。

2. 供应商信息

供应商名称：山东东风机械厂有限公司；

社会信用代码：911201065832170024；
公司地址：山东省淄博市临淄区辛化路210号；
联系电话：0533-7150316；
开户银行：中国工商银行临淄支行；
银行账号：6222002101303728709。

3. 客户信息

客户名称：杭州嘉华商贸有限公司；
社会信用代码：911201065832172012；
公司地址：杭州市余杭区华宁路27号；
联系电话：0571-63190028；
开户银行：中国工商银行杭州科创支行；
银行账号：6222009975053787875；
期初余额表：表4-4-1。

表4-4-1　期初余额表　　　　　　　　　元

项目	期初余额	项目	期初余额
现金	2 000.00	累计折旧	448 320.00
银行存款	8 326 320.00	固定资产——房屋建筑物	150 400.00
在建工程	4 800 000.00	固定资产——机器设备	176 000.00
在建工程——建筑工程	4 800 000.00	固定资产——办公家具	8 320.00
固定资产	7 320 000.00	固定资产——运输工具	91 200
固定资产——房屋建筑物	4 700 000.00	固定资产——电子设备	22 400.00
固定资产——机器设备	2 000 000.00		
固定资产——办公家具	40 000.00	实收资本	20 000 000.00
固定资产——运输工具	510 000.00		
固定资产——电子设备	70 000.00		

（1）2020年5月12日，杭州康健医疗器械有限公司从山东东风机械厂有限公司采购熔喷布生产线（资产编码：2100006），验收投入使用，无税价格100万元，取得增值税专用发票，如图4-4-1和图4-4-2所示。

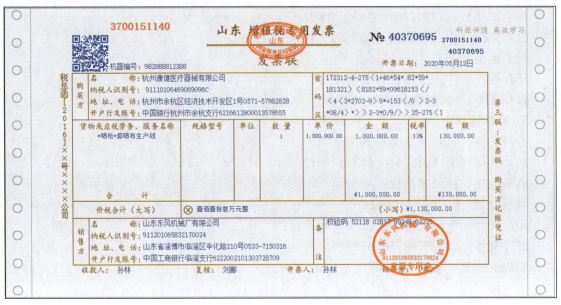

图4-4-1 购入熔喷布生产线增值税专用发票

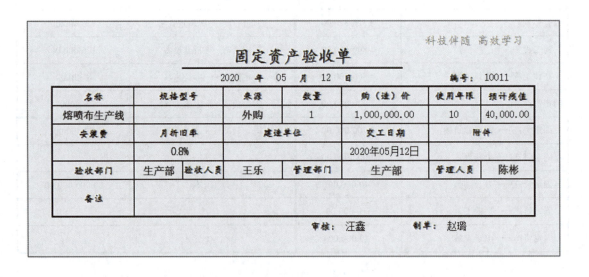

图4-4-2 固定资产验收单

（2）5月31日，杭州康健医疗器械有限公司财务部的戴尔服务器（资产编码：2010011）因不能满足业务需要，将戴尔服务器出售，出售价格为5 000元，如图4-4-3所示。

（3）5月，共享服务中心接到杭州康健医疗器械有限公司的委托，代理其固定资产业务，请将杭州康健医疗器械有限公司的固定资产模块期初数据导入系统。

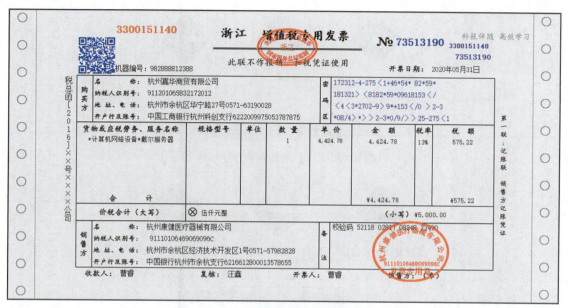

图4-4-3 出售固定资产增值税专用发票

固定资产折旧按直线法计算，房屋建筑物折旧年限30年，机械设备折旧年限10年，运输设备折旧年限5年，电子设备折旧年限3年，办公设备折旧年限5年。

注意核对部门对应折旧（摊销）费用会计科目。

固定资产编码规则：第1～3位是固定资产的类型，102表示房屋及购建物类，201表示计算机设备及软件类，202表示办公设备类，203表示运输设备类，210表示机械设备类；第4～7位是固定资产的流水号。

5月31日，杭州康健医疗器械有限公司计提当月固定资产折旧。

二、实施要求

请固定资产管理人员进行账套基础设置及固定资产的核算与管理。

三、实施步骤

该任务的操作流程如图4-4-4～图4-4-6所示。

固定资产业务处理

图4-4-4 固定资产账套初始化设置的流程

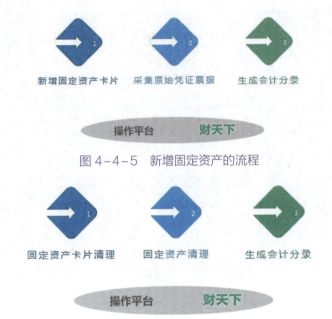

图4-4-5 新增固定资产的流程

图4-4-6 处理固定资产的流程

具体操作步骤如下：

（1）设置客户基本信息，如图4-4-7。

（2）对固定资产进行分类，对固定资产卡片管理进行初始化设置，录入期初数据；设置每类固定资产的使用寿命、折旧年限、残值率和折旧方式。点击"资产管理–资产卡片"，点击"新增"，如图4-4-8所示。

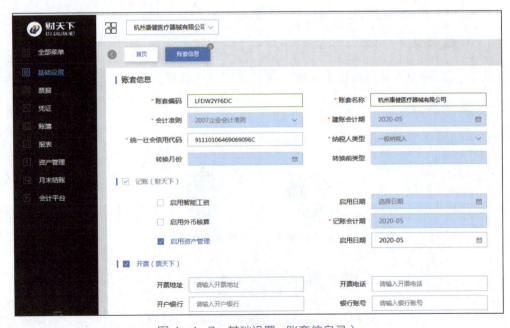

图4-4-7 基础设置–账套信息录入

图4-4-8 新增资产卡片

（3）新增熔喷布生产线固定资产卡片，如图4-4-9所示。

图4-4-9 新增熔喷布生产线固定资产卡片

（4）采集原始凭证，并做新增固定资产分录。

（5）处理固定资产戴尔服务器，进入"资产管理–资产卡片"，勾选要清理的固定资产"戴尔服务器"，然后点击"资产清理"，如图4-4-10所示。

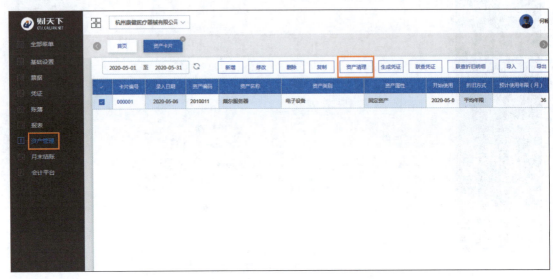

图4-4-10　勾选固定资产进行清理

（6）点击"资产管理–资产清理"，进行资产清理，如图4-4-11所示。

图4-4-11　"资产清理"页面

（7）生成资产清理凭证，并进入凭证查询，手工新增"营业外收入"分录。

（8）计提固定资产折旧，点击"资产管理–折旧及摊销"，如图 4–4–12 所示。

图 4–4–12 "折旧及摊销"页面

（9）生成固定资产折旧分录。

四、课堂实训

2020 年 5 月 7 日，杭州康健医疗器械有限公司自行建造的熔喷布厂房（资产编码：1020004）建成，验收投入使用，相关票据如图 4–4–13 所示。

固定资产验收单

2020 年 05 月 07 日   编号：10010

名称	规格型号	来源	数量	购(造)价	使用年限	预计残值
熔喷布厂房		自制	1	4,800,000.00	30	192,000.00
安装费	月折旧率		建造单位	交工日期	附件	
	0.27%			2020年05月07日		
验收部门	生产部	验收人员	王乐	管理部门	生产部	管理人员	陈彬
备注						

审核：汪鑫   制单：赵璐

图 4–4–13 固定资产验收单

请你作为固定资产的管理与核算人员，完成该固定资产的管理与核算工作。

任务评价（表4-4-2）

表4-4-2 任务评价

共享服务平台工作任务清单	完成情况			未完成
	已完成			（备注）
	配分	扣分	用时	
在智能化票据操作平台上进行基础设置-账套信息的设置				
进行固定资产卡片的初始录入及期初数据的录入				
根据任务和场景需求在智能化票据操作平台上完成固定资产增减业务				
完成固定资产折旧的核算与业务处理				

任务5 期末会计事项处理

任务导入

紫馨财税有限公司是一家智能财税社会共享服务中心，主要承接中小微企业的代理、外包和企业管家等各项业务。陈红任职于此，分管期末会计事项处理工作。该共享服务中心现与一个新客户签订了服务合同，接受委托为其提供期末会计事项处理工作，那么，他该如何处理期末会计事项呢？

任务分析

1. 需要清楚期末会计事项有哪些；
2. 掌握期末会计事项的处理流程；
3. 弄清期末会计事项前后的勾稽关系。

相关知识

一、期末会计事项（Closing Accounting Transactions）

期末会计事项包括月末结转业务、月末结账业务、凭证装订与保管业务。

其中，月末结转业务包括计提折旧摊销、分配职工薪酬、结转销售成本、计提各项税费、期间损益结转等。

二、财务报表的种类（Types of Financial Statements）

企业编制和报送的财务报表包括资产负债表、利润表、现金流量表、所有者权益变动表、报表附注。

增值税结转
相关知识

任务实施

一、实施场景

以智能财税共享服务中心综合实训平台中北京赛唯商贸有限公司——2020年1月的期末会计事项处理业务为例，该业务的实施场景如下：

在承接了北京赛唯商贸有限公司的财税代理服务以后，紫馨财税有限公司的陈红为客户进行期末会计事项处理操作。

二、实施要求

请财务人员（财税共享服务中心分管期末会计事项处理工作的陈红）根据北京赛唯商贸有限公司的相关业务进行期末会计事项处理操作。

三、实施流程

（一）月末结转业务

月末结转业务可以通过预置结转方案、自定义结转方案、新增凭证并保存为常用模板供以后调用三种方式进行处理。

1. 通过预置结转方案处理月末结转业务

在财天下平台预置了待摊费用摊销、计提折旧、计提公司社保、结转福利费、结转工会经费、结转未交增值税、结转销售成本、结转损益等月末结转业务的结转方案，供工作人员自动取数计算并生成记账凭证，如图4-5-1所示。

图 4-5-1 预置结转方案

下面以结转未交增值税业务为例,演示通过预置结转方案处理月末结转业务的操作方法:

> **课程思政**
>
> 通过学习月末结转业务的操作步骤,使学生养成处理业务流程化、标准化的习惯,培养学生的工匠精神。

1)实施场景

1月31日,北京赛唯商贸有限公司结转本月增值税。

2)实施要求

(1)请会计核算岗人员结转本月增值税并生成一张记账凭证。

(2)请审核管家岗人员审核记账凭证。

备注:根据公司财务制度的规定,应将本月"应交税费——应交增值税"科目发生额结平,该科目月末无余额。

3)实施步骤

该任务的操作流程如图 4-5-2 所示。

通过预置结转方案处理月末结转业务的操作流程

图 4-5-2 通过预置结转方案处理月末结转业务的操作流程

具体操作步骤如下：
（1）票据采集。
在财天下点击"智能票据"，再点击"票据采集"，最后点击"教学票据采集"，进行票据采集操作。
（2）查看、修改预置结转方案。
在预置结转方案右上角有一个表示修改的笔图标" "，点击这个图标，可以进入结转方案，查看、修改该方案，如图4-5-3和4-5-4所示。

图4-5-3　"修改"图标

图4-5-4　"结转方案"页面

（3）计算。
点击预置结转方案上的"计算"按钮，系统会自动计算，如图4-5-5所示。

（4）生成凭证。

点击预置结转方案上的"生成凭证"按钮，系统会自动生成月末结转业务的记账凭证，如图4-5-6所示。

图4-5-5 "计算"按钮

序号	摘要	会计科目		数量	借方金额 亿千百十万千百十元角分	贷方金额 亿千百十万千百十元角分
1	结转增值税	22210107 应交税费-应交增值税-销项税额			79950.00	0.00
2	结转增值税	22210101 应交税费-应交增	本期认证抵扣		0.00	37739.25
3	结转增值税	22210101 应交税费-应交增	旅客运输		0.00	85.88
4	结转增值税	22210106 应交税费-应交增值税-转出未交增值税			0.00	42124.87
5	结转增值税	22210106 应交税费-应交增值税-转出未交增值税			42124.87	0.00
6	结转增值税	222102 应交税费-未交增值税			0.00	42124.87
合计：壹拾贰万贰仟零柒拾肆元捌角柒分					122074.87	122074.87

图4-5-6 "生成凭证"页面

（5）凭证审核。

进入"凭证-凭证管理"，查看自动生成的记账凭证，添加原始凭证，并审核该记账凭证，如图4-5-7所示。

图 4-5-7 "凭证审核成功"页面

2. 通过自定义结转方案处理月末结转业务

有些月末结转业务可以通过自定义结转方案设置记账凭证模板,生成记账凭证,如计提借款利息、无形资产摊销、分配住房公积金、结转本年利润、分配利润等业务。

下面以计提短期借款利息为例,演示通过自定义结转方案处理月末结转业务的操作方法:

1)实施场景

1月31日,北京赛唯商贸有限公司按照月利率1%计提本月短期借款利息。

2)实施要求

请财务人员通过自定义结转方案生成计提短期借款利息凭证,并审核该凭证。

3)实施步骤

该任务的操作流程如图4-5-8所示。

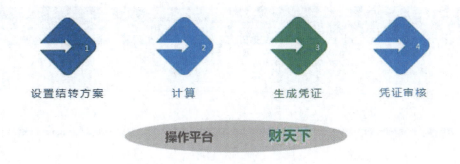

图 4-5-8 通过自定义结转方案处理月末结转业务的操作流程

具体操作步骤如下:

(1)设置结转方案。

选择"月末结账–月末结转–自定义结转方案",进入"自定义结转方案"页面,点击

"新增结转方案"中的"⊕"按钮,如图4-5-9所示,在弹出的"结转方案"页面中设置月末结转方案的凭证模板,确定分录,填写结转方案名称、摘要、凭证科目、方向、公式等信息,设置好后点击"保存",如图4-5-10所示。

图4-5-9 新增结转方案中的"⊕"按钮

图4-5-10 "结转方案"页面

(2)计算。点击自定义结转方案上的"计算"按钮,系统会自动计算金额,如图4-5-11所示。

图 4-5-11 "计算"按钮

（3）生成凭证。点击自定义结转方案上的"生成凭证"按钮，系统会自动生成月末结转业务的记账凭证，如图 4-5-12 所示。

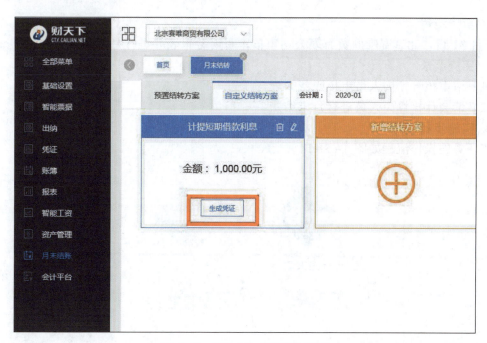

图 4-5-12 "生成凭证"页面

（4）凭证审核。
进入"凭证-凭证管理"页面，查看自动生成的记账凭证，添加原始凭证，并审核该记账凭证，如图 4-5-13 所示。

图 4-5-13 "凭证审核成功"页面

3. 通过新增凭证并保存为常用模板供以后调用处理月末结转业务

对于不能采用预置结转方案、自定义结转方案来处理的月末结转业务，只能通过新增凭证制单与审核，并保存为常用模板供以后调用的方式来处理。

（二）月末结账业务

1. 实施场景

1月31日，北京赛唯商贸有限公司审核本月财务报表并进行月末结账。

2. 实施要求

（1）请审核管家岗人员审核账务报表。
（2）请会计核算岗人员进行月末结账。

3. 实施步骤

该任务的操作流程如图4-5-14所示。

图 4-5-14 月末结账业务的操作流程

具体操作步骤如下：
（1）审核报表。
在财天下点击"报表"，再点击"财务报表"，进入"财务报表"页面，选择"资产负债表"按钮,最后点击"审核"即可,如图4-5-15和图4-5-16所示。审核利润表、现金流量表的方法一样。

图4-5-15 "报表-财务报表"页面

图4-5-16 "报表审核"页面

(2)月末结账。

在财天下点击"月末结账",再点击"月末结账",进入"月末结账"页面,点击"月末检查结账"按钮即可,如图4-5-17和图4-5-18所示。

图4-5-17 "月末结账"页面

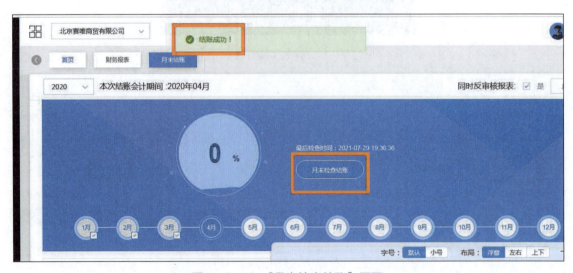

图4-5-18 "月末检查结账"页面

(三)凭证装订与保管业务

(详情略)

四、课堂实训

2020 年 2 月 1 日,在承接了北京赛唯商贸有限公司的财税代理服务以后,紫馨财税有限公司财务人员为北京赛唯商贸有限公司进行期末会计事项处理,相关的任务场景和操作要求如下:

1. 任务场景一

以智能财税共享服务中心综合实训平台中北京赛唯商贸有限公司——2020 年 2 月的日常账务处理业务 23 结转增值税为例(即 2 月 29 日,北京赛唯商贸有限公司结转本月增值税)。

操作要求:

(1)请会计核算岗人员结转本月增值税。

(2)请审核管家岗人员审核记账凭证。

备注:根据公司财务制度的规定,应将本月"应交税费——应交增值税"科目发生额结平,该科目月末无余额。

2. 任务场景二

以智能财税共享服务中心综合实训平台中北京赛唯商贸有限公司——2020 年 2 月的日常账务处理业务 27 月末结账为例(即 2 月 29 日,北京赛唯商贸有限公司审核本月财务报表并进行月末结账)。

操作要求:

(1)请审核管家岗人员审核账务报表。

(2)请会计核算岗人员进行月末结账。

任务评价(表 4-5-1)

表 4-5-1 任务评价

共享服务平台工作任务清单	完成情况			
	已完成			未完成
	配分	扣分	用时	(备注)
通过预置结转方案处理月末结转业务				
通过自定义结转方案处理月末结转业务				
通过新增凭证并保存为常用模板供以后调用处理月末结转业务				
月末结账业务				

工作领域小结

本工作领域主要介绍了财务核算与制单的相关操作,包含账套的初始化设置、日常业务的智能制单、智能薪资业务的处理、固定资产的管理与核算以及期末会计事项处理五个工作任务,重点难点任务是账套的初始化设置和日常业务的智能制单。本工作领域的操作主要在财天下模块完成,日常业务的智能制单需要在票天下和财天下两个模块操作完成。

工作领域四的知识要点如图 4-5-19 所示。

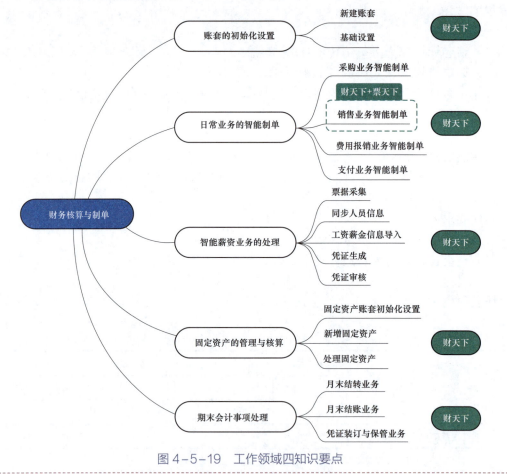

图 4-5-19 工作领域四知识要点

实施效果检测

实施效果检测

工作领域五

供应链管理与应用

> 知识目标

1. 了解供应链管理的概念；
2. 学会根据委托企业的情况建立账套，操作各个模块的基础设置；
3. 掌握委托企业采购与应付业务、销售与应收业务、库存管理与存货核算业务的处理；
4. 掌握成本核算外包业务的操作流程。

> 技能目标

工作领域	工作任务	技能点	重要程度
供应链管理与应用	业财一体化处理 （供应链系统平台）	基础信息的设置	★☆☆☆☆
		采购订单及采购收货单的填制和审核	★★★☆☆
		将采购发票、入库单、付款单推送至财天下生成记账凭证	★★★★★
		销售订单、发货单的填制和审核	★★★☆☆
		录入发票申请单并审核提交开票系统生成发票	★★★★★
		录入应收单信息并审核、完成收款	★★★★☆
		库存管理与存货核算	★★☆☆☆
	成本核算与管理 （供应链系统平台）	月初在产品的设置	★☆☆☆☆
		生产过程中工费清单、出库单、入库单的录入	★★★★★
		成本月结核算	★★★★☆

素养目标

1. 明确岗位职责，树立良好的团队分工协作精神；
2. 培养学生坚持诚实守信、秉公办事的工作准则；
3. 培养学生认真履行岗位职责、科学严谨的工作态度。

任务 1　业财一体化处理

任务导入

智能财税共享服务中心工作人员唐宋受理了北京乐嘉食品有限责任公司的购销业务。他接收了该公司业务核算的有关票据，将每张纸质票据扫描形成独立的影像文件；使用会计核算云平台，采集票据影像文件，进行识别与校验；对业务审批流程与票据进行审核；根据每笔采购、销售业务的原始票据，自动生成记账凭证或手工编制记账凭证，同时进行存货、数量、客户和供应商辅助核算，并进行人工审核。请大家想一想，为了简化工作流程、提高工作效率，还有什么途径能够高效地完成此项任务呢？

任务分析

1. 了解供应链管理的特点；
2. 要完成购销业务的操作，首先需要进行初始化设置；
3. 理解采购管理、销售管理与库存管理之间的数据关系。

相关知识

一、供应链管理的概念（Concept of Supply Chain Management）

供应链管理是指使供应链运作达到最优化，以最少的成本，令供应链从采购开始，到满足最终顾客的所有过程，包括工作流、实物流、资金流和信息流均高效率地操作，把合适的产品以合理的价格，及时准确地送到消费者手上。

二、供应链管理的特点（Characteristics of Supply Chain Management）

（1）供应链管理是指按照市场的需求，将产品从供应地向需求地转移的过程，它强调的是单个企业物流系统的优化，即对运输、仓库、包装、装卸搬运、流通加工、配送和物流信息实施一体化管理。

（2）供应链管理把供应链中所有节点企业看作一个整体，供应链管理涵盖整个物流从供应商到最终用户的采购、制造、分销、零售等职能领域过程。

（3）供应链管理强调和依赖战略管理。

（4）供应链管理最关键的是采用集成的思想和方法，而不仅仅是节点企业、技术方法等资源简单地链接。

（5）供应链管理具有更高的目标，通过管理库存和合作关系去达到最高水平的服务，而不是仅仅完成一定的市场目标。

三、供应链系统的常见业务（Common Business of Supply Chain System）

（一）采购与应付业务

采购与应付业务处理主要包括请购、订货、到货、验收、入库、开票、结算、付款等全过程，如图 5-1-1 所示。采购与应付业务处理能够实现各种票据的快速传递，实现财务与业务的整合以及数据共享，实现资金流与业务流的双轨并行，提高工作效率。采购管理与应付款管理紧密结合，有助于实现业务财务一体化，实现对企业物流资金流的全面全过程管理。企业可以根据实际业务情况，对采购业务流程进行可选配置。

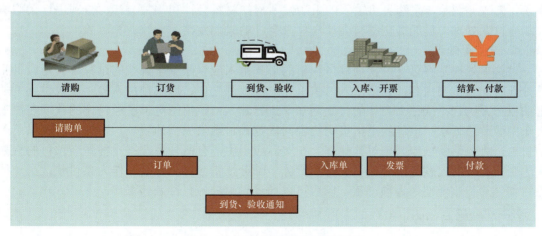

图 5-1-1　采购与应付业务处理

1. 采购订单

采购订单是购销双方共同签署的、以此确认采购活动的标志，相当于采购合同。采购订单应根据采购申请和供应商档案文件进行填写，当与供货商签订采购意向协议时，可以将采购协议输入计算机，并打印出来报采购主管审批。它是物资在采购业务中流动的起点，是采购管理系统的核心，包括订单的新增、修改、删除、审核等，经审核后的订单不能修改、删除。采购订单的内容可以直接录入，也可以从购货合同数据复制。

2. 采购入库单

采购入库单是根据采购到货签收的实收数量填制的单据。该单据按进出仓库方向划分为外购入库单、退货单（在计算机实现的数据流程中采用红字外购入库单表示退货单）；按业务类型划分为普通业务入库单、特殊业务入库单等。采购入库单可以直接录入，也可以由采购订单或采购发票生成。

> **课程思政**
>
> 同学们在录入采购订单、采购入库单的过程中，能够不断培养严谨、细心的职业品德，树立科学严谨的工作态度。

在实际工作中，用户可根据质检员确认的收货通知单直接在计算机上填制采购入库单（即前台处理），也可以先由人工制单而后集中输入（即后台处理），至于用户采用哪种方式，应根据本单位实际情况来定。一般来说，业务量不多或基础较好或使用网络版的用户，可采用前台处理方式，而在第一年使用业财一体化系统阶段或人机并行阶段，则比较适合采用后台处理方式。

3. 采购结算

采购结算是对采购发票进行管理并根据采购发票确认采购成本的过程。财务部门根据采购部门录入的发票和采购订单、出纳填制的收款单、仓库填制的入库单等单据进行核对，并对采购成本进行分摊等。

采购结算功能主要是进行采购结算，最后生成结算单。采购发票功能包括采购发票的输入、修改、删除，采购员将输入的采购发票提交材料会计和往来会计，分别进行采购结算和应付款处理，已经提交材料会计与往来会计的采购发票不能修改和删除。

4. 付款单处理

付款单处理是将已支付款项以付款单的形式录入应付账款子系统的过程，它是应付业务处理的一项重要内容，包括录入付款单、进行核销处理、形成预付款等。录入付款单是出纳根据采购订单或往来会计的付款通知单进行输入；核销是对于已经付讫的款项在往来台账中做删除处理；预付款是指按购货合同规定预付给供应商的款项，在处理时可以录入预付单，将该笔款项作为预付款处理。在实际应用中，有两种情况：一种是当预付的货款大于企业已有的欠款金额时，将支付的货款一部分核销应付款，余额作为预付款；另一种是将支付的货款全部作为预付款，以后可以通过预付冲应付冲减该账户。

（二）销售与应收业务

销售与应收业务处理主要包括销售报价、销售订货、销售发货、销售开票，并根据审核后的发票或发货单自动生成销售出库单，处理随同货物销售所发生的各种代垫费用，以及在货物销售过程中发生的各种销售支出，最终完成销售收款的全过程管理，如图 5-1-2 所示。

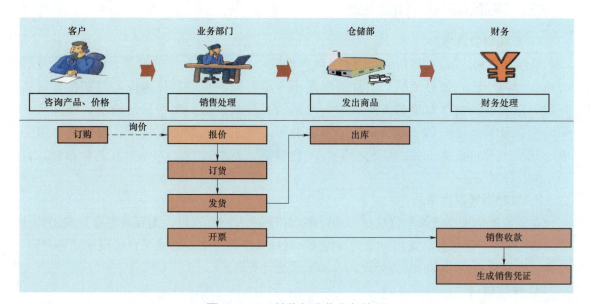

图 5-1-2 销售与应收业务处理

1. 销售订单

销售订单是销售管理系统实质性功能的第一步，它上接销售合同，并向下传递至销售发货。通过订单信息的维护与管理，实现企业对销售的计划性控制，使企业的销售活动、生产活动、采购活动处于有序、流畅、高效的状态。客户在下单、签订合同后公司生成的订单，产品并未出库，并不会增加应收账款。销售订单功能主要有接收对方订单、发送订单确认信息、生成销售发货单及发票。

2. 销售发货

销售发货是指将货物发向客户。销售发货单是销售发货的信息载体，销售发货业务是销售流程的核心，通过销售发货向库存、存货、应收等系统传递信息来实现企业物流的运转。其主要功能是承接订单、通知实物出库、接收对方签收信息、生成发票。

3. 销售发票

销售发票是一种用来表明已销售商品的规格、数量、价格、销售金额、运费和保险费、开票日期、付款条件等内容的凭证。销售发票的一联寄送给顾客，其余联由企业保留，销售发票也是在会计账簿中登记销售交易的基本凭证。

4. 销售收款

企业收回与其他单位或个人之间由于交易而形成的应收销货款，就获得了对应的货币收入。按销售的类型，销售收入包括产品销售收入和其他销售收入两部分，企业在销售过程中，一方面为消费者提供了使用价值或劳务，以满足社会的需要；另一方面也实现了产品、劳务的价值，获得一定数量的销售收入，以便补偿生产耗费，保证企业再生产不断进行。销售收入的多少，取决于销售商品、劳务的数量和价格多少。销售收入是企业实现财务成果的基础，也是反映企业生产经营活动状况的重要财务指标。

（三）库存管理与存货核算业务

1. 外购存货入库

外购存货到达后，应对存货进行清点和查验，保证入库存货的数量、样式、型号等与购货合同一致。如有短缺、数量或质量不合格的情况，应暂停入库，与销货方联系补货、退货或换货。存货的入库成本，包括购买价款、相关税费、运输费、装卸费、保险费以及其他可归属于存货采购成本的费用。在正常入库的前提下，财税共享服务中心智能平台可根据上传的销售合同、货物发票、运费发票、入库单及其他票据，自动生成会计凭证。

2. 对外销售发出商品

企业每次购进存货的单价往往不同，因此在每次发出存货时，需要确定存货发出的计价方法。在客户确定存货发出方法的前提下，财税共享服务中心智能平台可根据销售合同、发票、出库单进行相关的账务处理，自动生成会计凭证。

3. 存货盘点

存货盘点是指通过对存货的实地盘点，确定存货的实有数量，并与账面结存数核对，从而确定存货实存数与账面结存数是否相符的一种专门方法。存货盘点由客户每个月末自行组织，盘点结束后填写存货盘点报告单，并上传财税共享服务中心智能平台，财税共享服务中心人员根据存货盘点报告单生成会计凭证。

课程思政

通过学习业财一体化智能操作技能，培养学生对日常业务数字化的应用能力和职业理解判断能力，理解智能财经领域的职业需求。

供应链管理的八大核心过程

一、实施场景

北京星晨办公用品有限公司（简称星晨公司）始建于2016年，该公司位于北京市，主要经营签字笔、计算器、打印纸等商品的销售，根据企业工商注册等资料显示，公司适用 2007 企业会计准则，为一般纳税人，中型流通企业。公司设立行政部、财务部、采购部、销售部、库管部 5 个部门，同时设有一个商品库，由库管部负责管理。

二、实施要求

（1）启用供应链，设置基础信息，完善公司主体信息、部门、人员、计量单位、存货、往来单位、个性化设置等；

（2）根据采购订单完成从导入合同到到货、入库、发票和结算的全流程核算；

（3）在企业发生销售业务时，完成从导入合同到发货、出库、发票和收款的全流程核算；

（4）月末结转存货成本。

三、实施步骤

该任务的操作流程如图 5-1-3 所示。

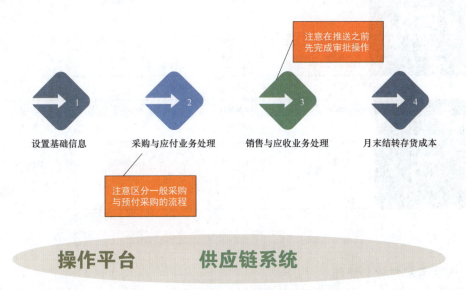

图 5-1-3　业财一体化处理的操作流程

1. 设置基础信息

（1）点击财天下，在"基础设置-账套信息"中启用供应链，如图 5-1-4 所示。

（2）在"基础设置-辅助核算"中设置人员、项目、往来单位、部门等基础信息。

（3）进入"供应链系统"，在"基础设置"中完善个性化设置、计量单位、仓库管理相关信息，在"库存管理-库存期初"中输入库存期初余额，如图 5-1-5 所示。

初始设置流程

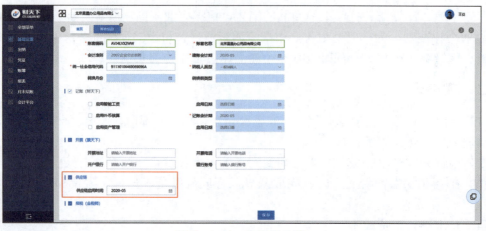

图 5-1-4　启用供应链

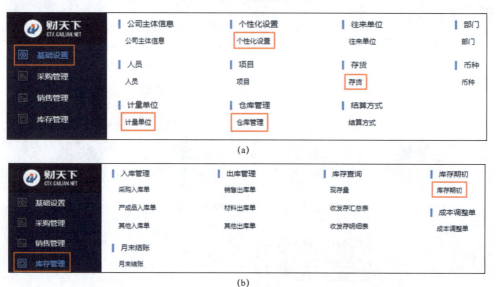

图 5-1-5　基础设置与存货管理

2. 采购与应付业务处理

根据采购订单进行采购与应付业务处理，操作流程如图 5-1-6 和图 5-1-7 所示。

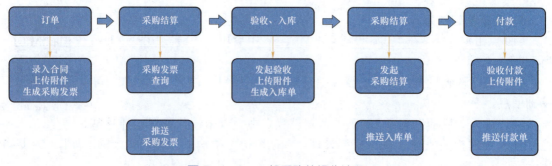

图 5-1-6　一般采购的操作流程

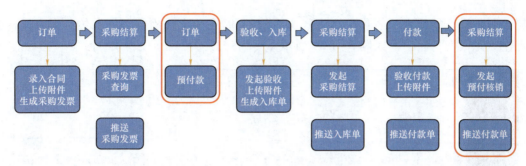

图 5-1-7 应付业务的操作流程

具体操作步骤如下：

（1）点击"采购管理-合同订单列表-新增"，在填写完采购合同订单信息后，点击"下一步"，如图5-1-8所示。

采购与应付业务操作流程

图 5-1-8 合同订单列表

进行"手工添加"，添加购销合同中的货物名称、数量、价格、税率，注意如果货物不属于固定资产,则在"资产"列选择"否",同时在"上传附件"处上传购销合同,最后点击"完成""提交",如图 5-1-9 所示。

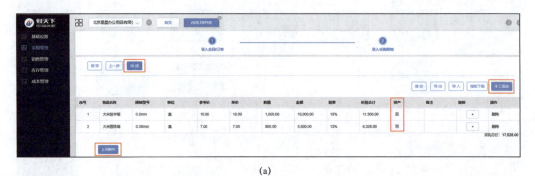

(a)

(b)

图 5-1-9　合同信息填写要求

进入订单页面审核,点击"审批通过",在右下方点击"生成采购发票",选择发票日期,修改制单日期并保存,审核采购发票,点击"审核",如图 5-1-10 所示。

(a)

图 5-1-10　生成采购发票

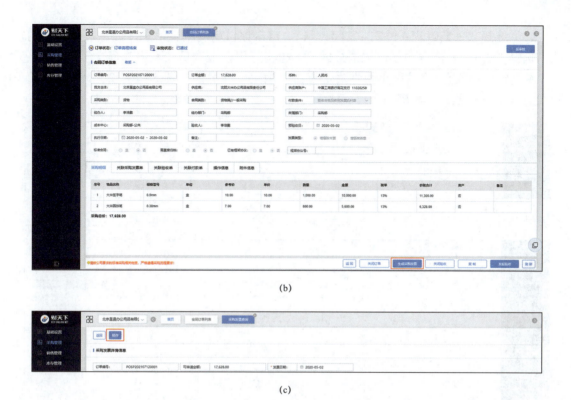

(b)

(c)

图 5-1-10 生成采购发票（续）

（2）通过"采购管理-采购结算-采购发票查询"，找到对应采购发票，勾选后点击"推送至财天下"，生成记账凭证，如图 5-1-11 所示。

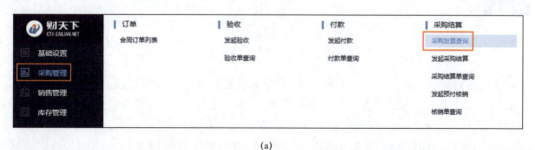

图 5-1-11 将采购发票推送至财天下

（3）选择"采购管理-付款-发起付款"，点击预付款，填写信息，注意"是否收到发票"选择"否"，上传附件预付款银行回单，填写好申请金额后，点击"提交"–"审核通过"–"确认付款"，修改制单日期后，点击"确定"即可，如图5-1-12所示。（若业务中没有涉及预付款，本步骤可省略）

(a)

(b)

图5-1-12 预付款处理

（4）货物验收入库，选择"采购管理-验收-发起验收"，点击"发起验收"，填写信息，注意若是一次性验收，则在"最后一次验收"后选择"是"，并点击"验收全部"，上传附件入库单后，点击"提交"–"审批通过"，在右下方点击"生成入库单"，如图5-1-13所示。

选择"库存管理-入库管理-采购入库单"，勾选单据号，对采购入库单进行"审核"，如图5-1-14所示。

(a)

图5-1-13 发起验收，生成入库单

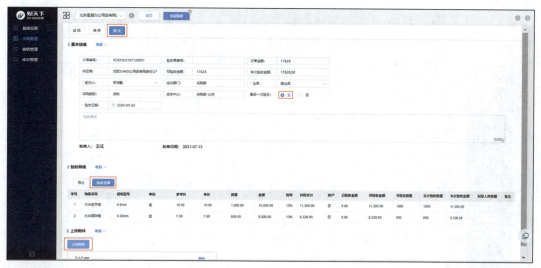

(b)

(c)

图 5-1-13　发起验收，生成入库单（续）

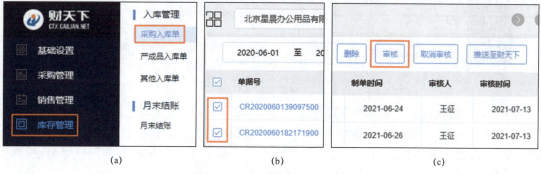

(a)　　　　　　　　　(b)　　　　　　　　　(c)

图 5-1-14　审核采购入库单

（5）通过"采购管理–采购结算–发起采购结算"，选择供应商和订单编号，勾选采购发票单列表和对应的入库单列表后，点击"提交"，如图5–1–15所示。

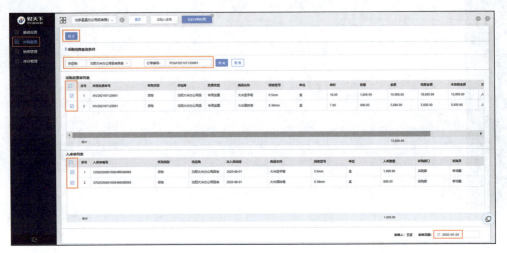

图5–1–15 发起采购结算

回到"库存管理–入库管理–采购入库单"，勾选单据号，将采购入库单"推送至财天下"，生成记账凭证，如图5–1–16所示。

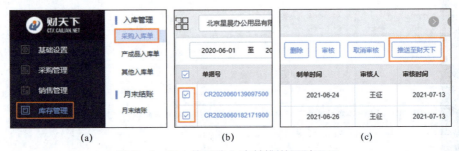

图5–1–16 将采购入库单推送至财天下

（6）支付货款，选择"采购管理–付款–发起付款"，点击"验收付款"，如图5–1–17所示。

图5–1–17 验收付款

填写信息时，注意"是否收到发票"选择"是"，并填写物理发票信息，上传附件发票和银行回单，填写抵减预付金额和修改本次付款金额时（注意若无预付款，则无须填写和修改），在"选择结算发票"下方打勾后，点击"提交"–"审批通过"–"确认付款"，修改制单日期后，点击"确定"即可，如图5–1–18所示。

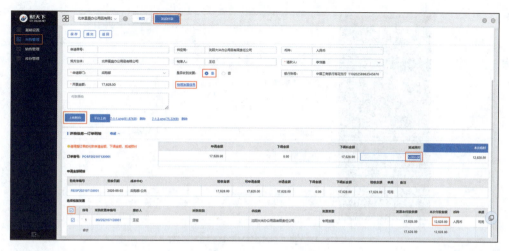

图 5-1-18 付款流程

最后选择"采购管理-付款-付款单查询",勾选付款编号,点击"推送至财天下",生成记账凭证,如图 5-1-19 所示。

图 5-1-19 将付款单推送至财天下

(7)选择"采购管理-采购结算-发起预付核销",找到供应商和订单编号,修改制单日期后,点击"保存",勾选核销单编号,点击"推送至财天下",生成记账凭证,如图 5-1-20 和图 5-1-21 所示。(若业务中没有涉及预付款,本步骤可省略)

图 5-1-20 发起预付核销

图 5-1-21　将核销单推送至财天下

3. 销售与应收业务处理

针对公司实际销售业务进行销售与应收业务处理,操作流程如图 5-1-22 所示。

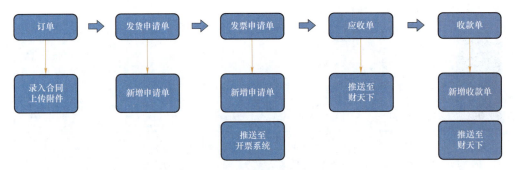

图 5-1-22　销售与应收业务处理操作流程

具体操作步骤如下:

销售与应收业务处理操作流程

(1) 进入票天下,领取发票,如图 5-1-23 所示。

图 5-1-23　领取发票

（2）选择"销售管理–销售单据–销售订单–新增"，录入销售订单信息，点击"保存"后，在左上方"附件"处上传购销合同、出库单及发票，接着在右下方点击"新增商品"，根据购销合同输入数量、税率等，最后点击"提交""审批"，审批通过即可，如图5-1-24所示。

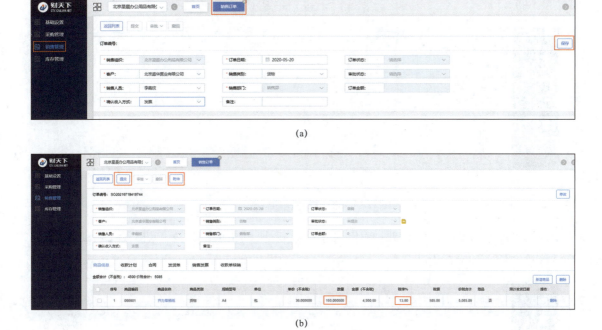

图 5-1-24 录入销售订单

（3）选择"销售管理–销售单据–发货申请单–新增"，录入发货申请单，注意根据购销合同信息填写收货人信息等，按要求填写申请发货数量后，点击"保存"，勾选序号，点击"提交"，注意审批的时候需要点击"发货申请单编号"，进去后再点击"审批"，审批通过，生成出库单，如图5-1-25所示。

图 5-1-25 发货申请单

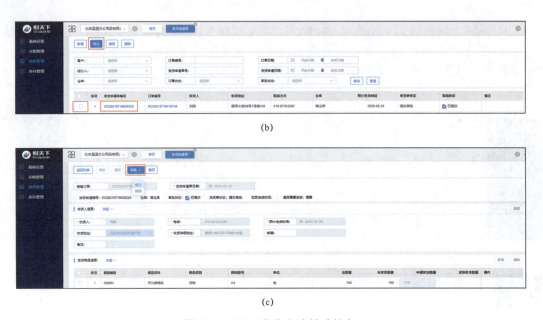

图 5-1-25 发货申请单（续）

通过"库存管理–出库管理–销售出库单"，对刚刚生成的出库单进行审核，勾选点击"审核"，如图 5-1-26 所示。

图 5-1-26 审核销售出库单

（4）选择"销售管理–销售单据–发票申请单–新增"，录入发票申请单，选择订单填写信息，在分摊商品金额时，为了避免产生尾差，所以点击"智能均摊到商品"，然后点击"保存"，勾选"提交"，最后点击"申请单编号"，进去之后，再点击"审批"，审批通过后，点击"推送至开票系统"，生成发票，选择开票日期，完成开票，如图 5-1-27 所示。

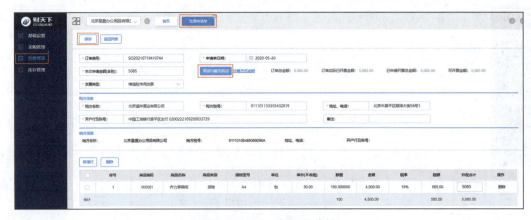

图 5-1-27 发票申请单

（5）选择"销售管理–资金–应收单"，点击"提交"，将应收单"推送至财天下"，如图 5-1-28 所示。

图 5-1-28　将应收单推送至财天下

（6）若收到款项，则选择"销售管理–资金–收款单–新增"，选择订单编号，填写带有"*"号处所有信息后"保存"，勾选"提交"，点击"收款单编号"，进入审批，最后点击"推送至财天下"，自动生成收款凭证，如图 5-1-29 所示。

图 5-1-29　将收款单推送至财天下

4. 月末结转存货成本

月末结转存货成本，选择"库存管理–月末结账"，点击"结账"，如图 5-1-30 所示。

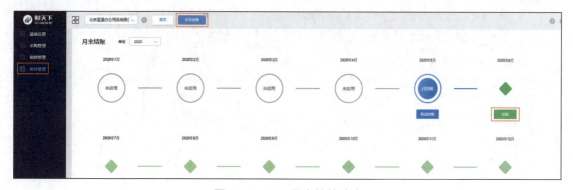

图 5-1-30　月末结转成本

四、课堂实训

2020年5月8日，北京星晨办公用品有限公司销售部李嘉欣与北京博实商贸有限责任公司签订销售合同，销售0.5 mm大米签字笔200盒，每盒不含税15元，0.38 mm大米圆珠笔300盒，每盒不含税12元，合同约定当天发货并开具增值税专用发票，当日收到货物。相关单据如图5-1-31～图5-1-33所示（收货人信息即公司开票信息）。

要求：

（1）请业务财务岗人员根据相关资料进行销售业务处理；

（2）请会计主管岗人员审批销售业务单据，无误后，推送至财天下，生成记账凭证。

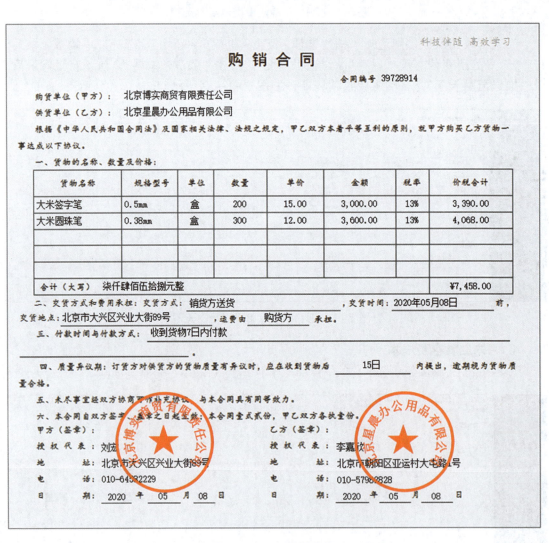

图5-1-31　购销合同

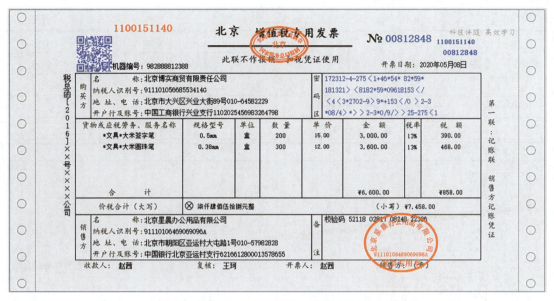

1100151140　　北京　增值税专用发票　　№ 00812848　1100151140　00812848

此联不作报销、扣税凭证使用

机器编号：982888812388　　开票日期：2020年05月08日

税总函[2016]××号××××公司

购买方	名　　称：北京博实商贸有限责任公司 纳税人识别号：91110105668553414G 地 址、电 话：北京市大兴区兴业大街89号010-64582229 开户行及账号：中国工商银行兴业支行1102025456983264798				密码区	172312-4-275 <1+46*54* 82*59* 181321> <8182*59*09618153 </ <4 <3*2702-9> 9*+153 </0 > 2-3 *08/4> *> > 2-3*0/9/> > 25-275 <1	
货物或应税劳务、服务名称	规格型号	单位	数量	单价	金额	税率	税额
*文具*大米签字笔	0.5mm	盒	200	15.00	3,000.00	13%	390.00
*文具*大米圆珠笔	0.38mm	盒	300	12.00	3,600.00	13%	468.00
合　计					¥6,600.00		¥858.00
价税合计（大写）	⊗ 柒仟肆佰伍拾捌元整				（小写）¥7,458.00		
销售方	名　　称：北京星晨办公用品有限公司 纳税人识别号：91110106469069096A 地 址、电 话：北京市朝阳区亚运村大屯路1号010-57982828 开户行及账号：中国银行北京亚运村支行6216612800013578655				备注	校验码 52118 02817 08248 22306	

收款人：赵茜　　复核：王珂　　开票人：赵茜　　销售方：（章）

第一联：记账联　销售方记账凭证

科技伴随 高效学习

图 5-1-32　增值税专用发票

科技伴随 高效学习

出　库　单　　No. 48196744

购货单位：北京博实商贸有限责任公司　　2020 年 05 月 08 日

编号	品名	规格	单位	数量	单价	金额	备注
004	大米签字笔	0.5mm	盒	200			
005	大米圆珠笔	0.38mm	盒	300			
合　计							

仓库主管：金晶　　记账：王妍丁　　保管：金晶　　经手人：金晶　　制单：金晶

第一联　存根联

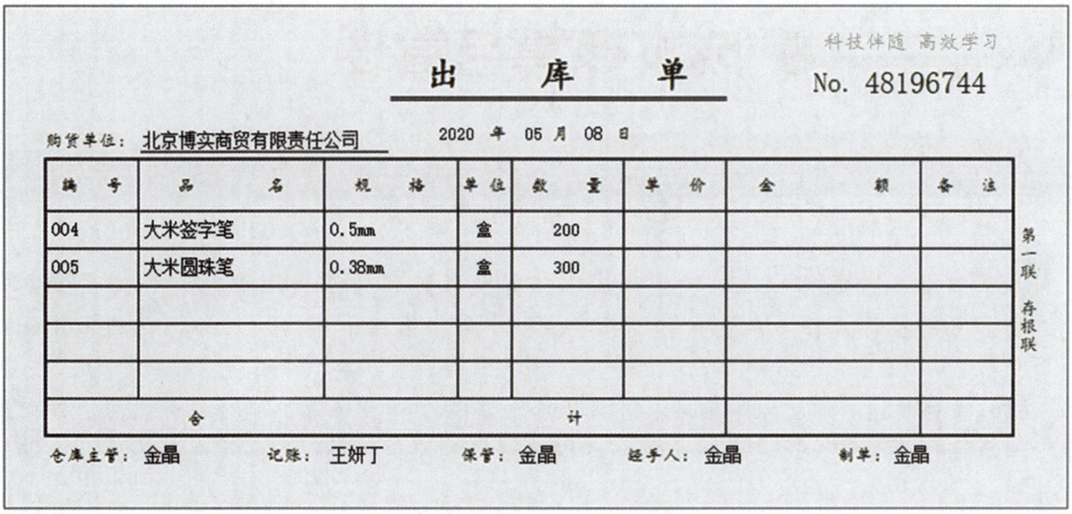

图 5-1-33　出库单

任务评价（表 5-1-1）

表 5-1-1　任务评价

共享服务平台工作任务清单	完成情况			
	已完成			未完成
	配分	扣分	用时	（备注）
在智能化票据操作平台上进行基础设置，录入基础信息				
根据采购订单生成采购发票，填写入库信息，生成入库单，审核无误后，完成采购结算				

续表

共享服务平台工作任务清单	完成情况			
	已完成			未完成
	配分	扣分	用时	（备注）
生成并审核付款单、预付款核销单，自动生成记账凭证				
依据销售业务在供应链系统中完成销售与应收处理				
月末存货成本的结转				

任务2　成本核算与管理

任务导入

南宁泰福八宝粥有限公司将生产成本核算业务外包给了一家智能财税共享服务中心办理，双方签订了合同。智能财税共享服务中心小李接下了这一任务，他的工作任务如下：

（1）库存管理。通过入库业务、出库业务、库存管理业务等，结合库存盘点、即时库存管理等综合管理系统，对库存业务全过程进行有效控制和跟踪，实现完善的企业仓储信息管理。

（2）生产成本核算。运用确定的产品成本计算方法算出半成品成本和产成品成本，并对生产八宝粥产品领料、自制半成品入库、产品入库等进行会计核算。小李认为如果直接通过财天下平台执行任务，那么可能需要多次手工输入生成凭证，任务烦琐且容易出现错误，那么，他还能通过什么平台进行更加智能化的操作呢？

任务分析

（1）了解在智能化操作平台设置企业信息及确定成本模型的方法。

（2）作为智能财税共享服务中心的成本核算员工，需要知道如何按照发出材料成本核算方法归集领用材料成本，并按产品分配领料成本。

（3）掌握生产成本核算流程，通过智能化算出半成品成本和产成品成本，进而对期末成本进行核算，自动生成记账凭证。

相关知识

一、成本核算（Cost Accounting）

成本核算是指将企业在生产经营过程中发生的各种耗费按照一定的对象进行分配和归集，以计算总成本和单位成本。成本核算通常以会计核算为基础，以货币为计算单位。成本核算是成本管理的重要组成部分，对于企业的成本预测和经营决策等有着直接影响。进行成本核算，首先，要审核企业生产经营管理费用，看其是否发生，已发生的是否应当计入产品成本，实现对生产经营管理费用和产品成本直接的管理和控制；其次，要对已发生的费用按照用途进行分配和归集，计算各种产品的总成本和单位成本，为成本管理提供真实的成本资料。

二、核算方法（Accounting Method）

1. 正确划分各种费用支出的界限

正确划分各种费用支出的界限，如收益支出与资本支出、营业外支出的界限，产品生产成本与期间费用的界限，本期产品成本和下期产品成本的界限，不同产品成本的界限，在产品和产成品成本的界限等。

2. 认真执行成本开支的有关法规规定

认真执行成本开支的有关法规规定，按成本开支范围处理费用的列支。

3. 做好成本核算的基础工作

做好成本核算的基础工作，包括建立和健全成本核算的原始凭证记录和传递的流程；制定工时、材料的消耗定额，加强定额管理；建立材料物资的计量、验收、领发、盘存制度；制定内部结算价格和内部结算制度。

4. 选择适当的成本计算方法

根据企业的生产特点和管理要求，选择适当的成本计算方法，确定成本计算对象、费用的归集与计入产品成本的程序、成本计算期、产品成本在产成品与在产品之间的划分方法等。成本计算方法有品种法、分批法和分步法，此外还有分类法、定额法等多种。

> **课程思政**
>
> 通过对企业成本精打细算，将此理念融入学生生活，弘扬中华民族勤俭节约的传统美德。

三、核算要点（Accounting Points）

1. 确定成本核算的目的

成本核算的目的有多种，如存货计价、计算销售成本和确定收益、成本决策和成本控制、产品定价等。

2. 确定成本核算的对象

不同的成本核算目的决定了核算对象的多样化，如以各种、各批、各生产步骤产品作为对象，计算产品的总成本和单位成本；以各个责任单位为对象，计算产品的责任成本等。

3. 确定成本核算的内容

成本核算的内容一般包括费用归集分配与产品成本计算两部分。

1）费用归集分配

首先，必须确定成本开支的范围，明确各种费用支出的界限，对于不应计入产品成本的予以剔除；然后，测定和记录所积累的成本数据，按照一定程序进行归集，采用一个标准在各个成本核算对象之间进行分配，以汇总所耗用的费用总数。

2）产品成本计算

产品成本计算，就是按照成本计算对象，把汇总的费用进行分配，计算出各个对象的总成本和单位成本。在工业企业，由于一个企业往往生产多种产品，而且月末通常存在在产品，因此还要将生产过程的费用在各种产品之间、产成品和在产品之间进行分配，以求得各种产成品的总成本和单位成本。

四、核算流程（Accounting Flow）

企业成本核算程序是指从生产费用发生开始，到算出完工产品总成本和单位成本为止的整个成本计算流程，一般分为以下几个步骤：

1. 生产费用支出的审核

对发生的各项生产费用支出，应根据国家、上级主管部门和该企业的有关制度、规定进行严格审核，以便对不符合制度和规定的费用，以及各种浪费、损失等加以制止或追究经济责任。

> **课程思政**
>
> 要求学生根据企业生产类型的不同具体问题具体分析，透过现象看本质，优化企业成本管理。

2. 确定成本计算对象和成本项目，开设产品成本明细账

企业的生产类型不同，对成本管理的要求不同，成本计算对象和成本项目也就有所不同，应根据企业生产类型、特点和对成本管理的要求，确定成本计算对象和成本项目，并根据确定的成本计算对象开设产品成本明细账。

3. 进行要素费用的分配

对发生的各项要素费用进行汇总，编制各种要素费用分配表，按其用途分配记入有关的生产成本明细账。对能确认某一成本计算对象耗用的直接费用，如直接材料、直接工资，应直接记入"生产成本——基本生产成本"账户及其有关的产品成本明细账；对于不能确认的某一费用，则应按其发生的用途进行归集分配，分别记入"制造费用""生产成本——

辅助生产成本"和"废品损失"等综合费用账户。

4. 进行综合费用的分配

对记入"制造费用""生产成本——辅助生产成本""废品损失"等账户的综合费用，月终采用一定的分配方法进行分配，并记入"生产成本——基本生产成本"以及有关的产品成本明细账。

5. 进行完工产品成本与在产品成本的划分

通过要素费用和综合费用的分配，所发生的各项生产费用均已归集到"生产成本——基本生产成本"账户及有关的产品成本明细账中。在没有在产品的情况下，产品成本明细账所归集的生产费用即为完工产品总成本；在有在产品的情况下，就需将产品成本明细账所归集的生产费用按一定的划分方法在完工产品和月末在产品之间进行划分，从而计算出完工产品成本和月末在产品成本。

6. 计算产品的总成本和单位成本

在品种法、分批法下，产品成本明细账中计算出的完工产品成本即为产品的总成本；在分步法下，则需根据各生产步骤成本明细账按顺序逐步结转或平行汇总，才能计算出产品的总成本，以产品的总成本除以产品的数量，就可以计算出产品的单位成本。

存货的计价方法

任 务 实 施

一、实施场景

北京美味多食品有限公司（简称美味多公司）始建于2016年，该公司位于北京市，主要经营草莓果酱、蓝莓果酱等商品的生产与销售。该公司基本信息如下：

会计准则：2007 企业会计准则；

建账会计期：2020 年 8 月；

统一社会信用代码（纳税人识别号）：91120104500263524A；

纳税人类型：一般纳税人；

法人代表：汪丹；

经营地址：北京市昌平区小汤山科技园 8 号；

电话：010-80116158；

邮编：102200；

开户行：工商银行昌平区支行（基本存款账户）；

开户行银行账号：6222022102004101818；

E-mail：mwdsp@163.com。

二、实施要求

（1）启用供应链系统成本模块，导入基础信息，确定成本模型，录入仓库管理、结算方式、库存期初余额、分配定额和月初在产品；

（2）按照生产流程录入材料出库单（原材料）、工费清单、半成品入库清单、材料出库单（半成品及原材料）和产成品入库清单；

（3）设置期末在产品并进行成本月结，自动计算出半成品成本和产成品成本，生成记账凭证。

三、实施步骤

该任务的操作流程如图5-2-1所示。

成本核算与管理操作流程

图5-2-1 成本核算与管理的操作流程

1. 设置基础信息

（1）进入财天下，在"基础设置-辅助核算"中重新导入部门信息（先删除后导入），导入人员信息、存货信息等。

（2）在"基础设置-公司主体信息"中启用成本模块，设置成本启用时间并在"基础设置-个性化设置-成本"中确定成本模型，如图5-2-2所示。

（3）选择"基础设置-仓库管理、结算方式"，分别录入仓库管理、结算方式，在"基础设置-部门"中将加工车间和灌装车间定义为生产成本中心，选择"库存管理-库存期初"，录入库存期初余额，如图5-2-3所示。

（4）选择"成本管理-初始录入-分配定额"，点击"　"按钮，录入分配定额。注意按车间逐步添加，先添加一级商品名称，例如加工车间先添加草莓果酱熟料和蓝莓果酱熟料，接着在每个一级商品名称后面点击"　"按钮，依次添加二级商品名称，例如在草莓果酱熟料下面添加草莓、白砂糖、明胶等，如图5-2-4所示。

(a)

(b)

图 5-2-2 公司主体信息及个性化设置

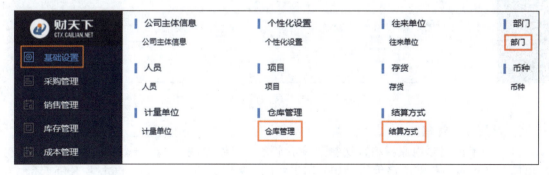

(a)

图 5-2-3 基础设置与库存管理

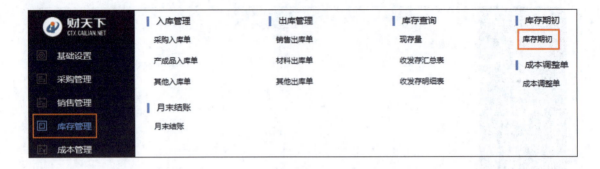

(b)

图 5-2-3　基础设置与库存管理（续）

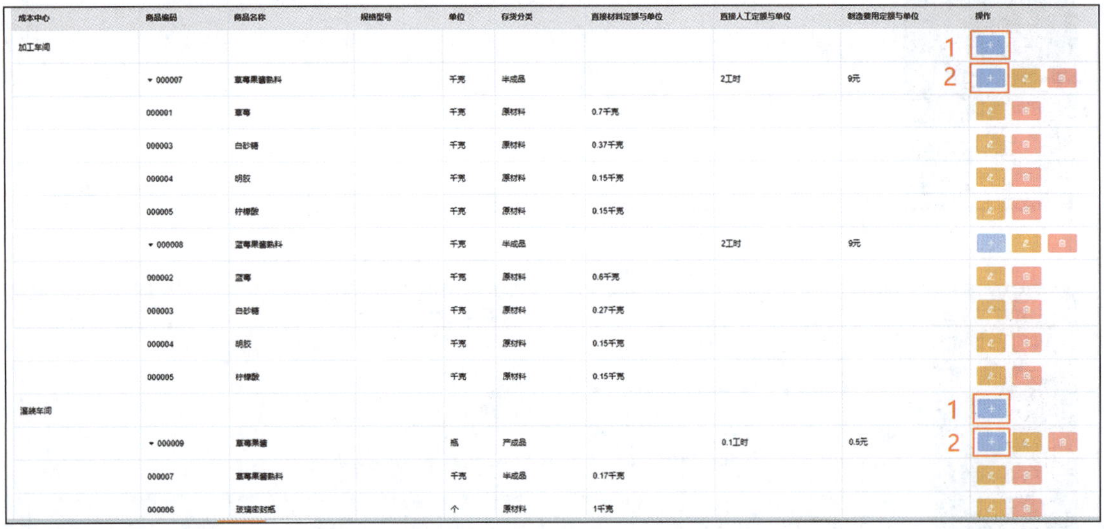

图 5-2-4　分配存货定额

（5）选择"成本管理-初始录入-月初在产品"，录入月初在产品，如图 5-2-5 所示。

图 5-2-5　录入月初在产品

2. 日常成本管理

（1）加工车间领用原材料，选择"库存管理-出库管理-材料出库单-新增"，录入材料出库单并审核，分别选择生产领用、加工车间、领用人员、原材料，点击右下角"添加"，增加商品名称，填写数量后，点击"保存"，如图 5-2-6 所示。

图 5-2-6　录入材料出库单

（2）选择"成本管理–当期录入–工费清单"，录入工费清单的总工资和总制造费用，如图 5-2-7 所示。

图 5-2-7　设置工费清单

（3）通过"库存管理–入库管理–产成品入库单–新增"，录入半成品入库清单，选择生产完工入库、半成品库，点击"添加"，增加商品名称，输入数量金额，选择生产部门，点击"保存"，如图 5-2-8 所示。

图 5-2-8　录入半成品入库清单

（4）灌装车间领用半成品材料和原材料，选择"库存管理–出库管理–材料出库单–新增"，录入材料出库单并审核，注意不同类别需要分别领用，例如领用草莓果酱熟料，选择半成品库、领用蓝莓果酱熟料，选择半成品库，共生成两张出库单；由于生产草莓果酱和蓝莓果酱都要使用玻璃密封瓶，所以分别领用，选择原料库，共生成两张出库单，共 4 张出库单，如图 5-2-9 所示。

图 5-2-9　生成半成品出库单与材料出库单

（5）通过"库存管理–入库管理–产成品入库–新增"，录入产成品入库清单，选择生产完工入库、产成品库、生产部门，添加行信息，填写数量后点击"保存"，如图 5-2-10 所示。

图 5-2-10　录入产成品入库清单

3. 期末成本核算

（1）选择"成本管理–当期录入–月末在产品–新增"进行设置，管理月末在产品，如图 5-2-11 所示。

图 5-2-11　设置月末在产品

（2）通过"成本管理–产品成本计算–成本月结–关账"，进行成本月结，点击"获取原材料领用数据-开始计算-获取半成品数据-开始计算",则自动计算出半成品成本和产成品成本,并推送至财天下,如图5-2-12所示。

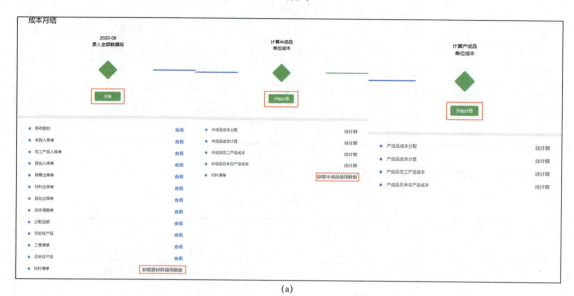

图5-2-12　进行成本月结

四、课堂实训

202×年8月1日,北京美味多食品有限公司加工车间宋雨领用原材料,8月15日加工完成半成品并入库,要求录入材料出库单、半成品入库清单并审核。(金额单位:元,数量单位:kg)

(1) 草莓果酱熟料领料单汇总如表 5-2-1 所示。

表 5-2-1　草莓果酱熟料领料单汇总

品名	计量单位	数量	单价	金额	出入库类型	领用部门	领用人员
草莓	kg	1 190	25	29 750	生产领用	加工车间	宋雨
白砂糖	kg	629	8	5 032	生产领用	加工车间	宋雨
明胶	kg	255	100	25 500	生产领用	加工车间	宋雨
柠檬酸	kg	255	50	12 750	生产领用	加工车间	宋雨
合计				73 032			

(2) 蓝莓果酱熟料领料单汇总如表 5-2-2 所示。

表 5-2-2　蓝莓果酱熟料领料单汇总

品名	计量单位	数量	单价	金额	出入库类型	领用部门	领用人员
蓝莓	kg	1 020	80	81 600	生产领用	加工车间	宋雨
白砂糖	kg	459	8	3 672	生产领用	加工车间	宋雨
明胶	kg	255	100	25 500	生产领用	加工车间	宋雨
柠檬酸	kg	255	50	12 750	生产领用	加工车间	宋雨
合计				123 522			

(3) 半成品库信息如表 5-2-3 所示。

表 5-2-3　半成品库信息

成本中心	仓库	存货	数量	单价
加工车间	半成品库	草莓果酱熟料	1 700	71.96
加工车间	半成品库	蓝莓果酱熟料	1 700	91.66

任务评价（表 5-2-4）

表 5-2-4　任务评价

共享服务平台工作任务清单	完成情况			未完成（备注）
	已完成			
	配分	扣分	用时	
在供应链系统进行基础设置，在成本管理模块录入分配定额信息、月初在产品成本				
根据企业产品成本核算制度和企业生产业务要求，设置材料分配比例，分配并核算材料成本				
审核、归集并分配人工费用、制造费用，填写工费清单，生成记账凭证				
进行库存管理月末结账，系统自动生成材料领用和销售成本的结转凭证				

工作领域小结

　　本工作领域以供应链系统为核心,介绍了企业采购与应付业务、销售与应收业务、库存管理与存货核算业务以及成本核算与管理的业财一体化处理流程和操作方法。首先在智能财税供应链系统操作平台完善公司主体信息、计量单位、存货、库存期初余额、个性化设置等基础信息;再根据采购订单完成从导入合同到到货、入库、开票和结算的全流程核算,同时在企业发生销售业务时,完成从导入合同到发货、出库、开票和收款的全流程核算,完成月末存货成本的结转;最后根据企业产品成本核算制度和企业生产业务要求,按照生产流程录入出库单、工费清单、入库清单等,设置期末在产品并进行成本月结,自动计算出半成品成本和产成品成本并生成记账凭证。

　　工作领域五知识要点如图5-2-13所示。

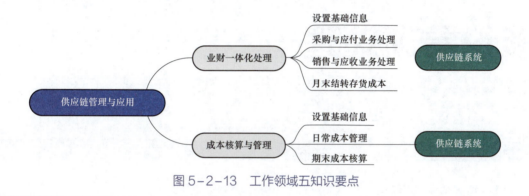

图5-2-13　工作领域五知识要点

实施效果检测

实施效果检测

工作领域六

涉税事项处理

> 知识目标

1. 了解各税种的征税范围；
2. 熟悉各税种的税率和征收率；
3. 掌握各税种的计算方法；
4. 熟悉常见的税收优惠。

> 技能目标

工作领域	工作任务	技能点	重要程度
涉税事项处理	增值税的审核与申报	增值税税表的修正及审核	★★★★★
		增值税的申报	★★★☆☆
		税表取消申报	★★☆☆☆
	企业所得税的审核与申报	企业所得税税表的完善与审核	★★★★★
		企业所得税月（季）度预缴纳税申报	★★★☆☆
	其他税种的计算与申报	城建税、附加税税表的调整与审核	★★★★★
		城建税、附加税的申报	★★★☆☆

素养目标

1. 培养学生热爱税务工作、忠于职责的敬业精神；
2. 培养学生自主学习与善于沟通的能力；
3. 培养学生面对政策更新主动学习的习惯。

任务 1 增值税的审核与申报

任务导入

杨玲从事的是涉税服务岗工作，最令她头疼的就是每月初的纳税申报，需要她填写各种税表，每次都弄到心力交瘁，人送外号"表姐"。所幸的是，该企业从 2020 年 1 月份起上线了智能财税共享服务平台（以下简称平台）——电子纳税申报平台，如图 6-1-1 所示，且财务核算岗人员已在平台上完成了 1 月的账务处理工作，现需由杨玲负责对所在公司的增值税进行纳税申报。那么，她该如何处理此项业务呢？

图 6-1-1 电子纳税申报平台

任务分析

（1）涉税服务岗的杨玲需要了解税表间的逻辑关系和取数原理；

（2）需要学会利用平台进行增值税税表数据的补充、修正和调整。

相关知识

一、增值税概述（Overview of VAT）

（一）增值税的含义

增值税是以商品和劳务在流转过程中产生的增值额作为征税对象而征收的一种流转税。

（二）增值税的特点

（1）保持税收中性；
（2）普遍征收（环环征收）；
（3）税收负担由最终消费者负担；
（4）实行税款抵扣制度；
（5）实行比例税率；
（6）实行价外税制度。

注意：增值税是我国现阶段税收收入规模最大的税种，2020年增值税占全部税收收入的36.8%。

二、增值税的征税范围（Scope of VAT Levy）

（一）征税范围的一般规定

征税范围的一般规定如表6-1-1所示。

表6-1-1 征税范围的一般规定

范围	内容
销售或进口货物	有形动产，包括电力、热力、气体
销售劳务	提供加工、修理修配劳务
销售服务	提供交通运输服务、邮政服务、电信服务、建筑服务、金融服务、现代服务、生活服务
销售无形资产	有偿转让无形资产所有权或者使用权的业务活动
销售不动产	有偿转让不动产所有权的业务活动

（二）征税范围的特殊行为

1. 视同发生应税销售行为

（1）将货物交付其他单位或者个人代销。

（2）销售代销货物。
（3）总分机构不在同一县（市），将货物从一个机构移送其他机构用于销售的。
（4）将自产或者委托加工的货物用于非应税项目。
（5）将自产、委托加工的货物用于集体福利或者个人消费。
（6）将自产、委托加工或者购进的货物作为投资，提供给其他单位或者个体工商户。
（7）将自产、委托加工或者购进的货物分配给股东或者投资者。
（8）将自产、委托加工或者购进的货物无偿赠送其他单位或者个人。
（9）单位和个体工商户向其他单位或个人无偿提供应税服务，但以公益事业或以社会公众为对象的除外。

2. 混合销售

一项销售行为如果既涉及货物又涉及非增值税应税劳务，为混合销售行为。从事货物的生产、批发或者零售的企业、企业性单位和个体工商户的混合销售行为，视为销售货物，应当缴纳增值税；其他单位和个人的混合销售行为，视为销售非增值税应税劳务，不缴纳增值税。

3. 兼营行为

应税销售行为适用不同税率或者征收率的，应当分别核算适用不同税率或者征收率的销售额，未分别核算销售额的，按照以下方法适用税率或者征收率：
（1）兼有不同税率的应税销售行为，从高适用税率。
（2）兼有不同征收率的应税销售行为，从高适用征收率。
（3）兼有不同税率和征收率的应税销售行为，从高适用税率。

三、税率（Tax Rates）

（一）销售货物、劳务或者进口货物适用税率 13%

以下货物适用税率 9%：
（1）粮食等农产品、食用植物油、食盐、鲜奶（含巴氏杀菌乳和灭菌乳，不含调制乳）、干姜、姜黄；花椒油、橄榄油、核桃油、杏仁油、葡萄籽油和牡丹籽油；饲料（包括宠物饲料）、化肥、农药、农机（整机）、农膜、动物骨粒。
（2）自来水、暖气、冷气、热水、煤气、石油液化气、天然气、二甲醚、沼气、居民用煤炭制品。
（3）图书、报纸、杂志、音像制品、电子出版物。

（二）"营改增"后税率

（1）有形动产租赁服务 13%，不动产租赁服务 9%；
（2）电信：基础电信 9%，增值服务 6%；
（3）交通运输、邮政、建筑 9%；
（4）现代服务和生活服务 6%；

（5）无形资产 6%（其中，转让土地使用权 9%）；
（6）销售不动产 6%。

（三）零税率

（1）出口货物（国务院另有规定的除外）。
（2）境内单位和个人跨境销售规定范围内的服务、无形资产。

四、征收率（Levy Rates）

（一）征收率适用的情形

1. 小规模纳税人
2. 一般纳税人发生应税销售行为按规定可以选择简易计税方法计税
一般规定（5%，其他通常为 3%）如下：
（1）不动产租售，包括小规模纳税人（特殊除外）和 2016 年 4 月 30 日前取得不动产的一般纳税人；
（2）劳务派遣服务选择差额纳税时；
（3）一般纳税人提供人力资源外包服务，选择适用简易计税方法的。

（二）特殊政策（3%减按 2%）的情形

1. 销售自己使用过的物品免税
销售自己使用过的物品指其个人自己使用过的物品；
2. 销售旧货简易计税
销售旧货简易计税，3%减按 2%征收。

五、增值税计税方法（Method of VAT Calculations）

1. 一般纳税人
当期应纳税额＝当期销项税额－当期进项税额＝当期销售额（不含增值税）×税率－当期进项税额

2. 小规模纳税人
当期应纳税额＝当期销售额（不含增值税）×征收率

3. 扣缴义务人（境外单位或个人在境内销售劳务，在境内未设经营机构且无境内代理人时）
应扣缴税额＝接受方支付的价款÷（1＋税率）×税率

> **课程思政**
>
> 通过了解我国现有的增值税税收政策，培养学生关爱弱势群体、支持偏远地区经济发展的情怀。明确社会主义制度的优越性——调节社会财富，促进共同富裕。

增值税的税收优惠

（一）《增值税暂行条例》规定的免税项目
（1）农业生产者销售的自产农业产品（初级农产品）；
（2）避孕药品和用具；
（3）古旧图书：向社会收购的古书和旧书；
（4）直接用于科学研究、科学试验和教学的进口仪器、设备；
（5）外国政府、国际组织无偿援助的进口物资和设备；
（6）由残疾人组织直接进口供残疾人专用的物品；
（7）销售自己使用过的物品。
（二）《营改增通知》及有关部门规定的税收优惠政策（略）

六、增值税专用发票的开具范围（Issuing Scope of VAT Special Invoice）

课程思政

通过学习增值税发票的开具，培养学生诚实守信、坚持准则的高尚品德，提高学生的纳税意识，让学生养成依法纳税的品行。

（1）一般纳税人发生应税销售行为，应向购买方开具增值税专用发票。
（2）商业企业一般纳税人零售的烟、酒、食品、服装、鞋帽（不包括劳保专用部分）、化妆品等消费品不得开具增值税专用发票。
（3）增值税小规模纳税人需要开具增值税专用发票的，可向主管税务机关申请代开。
（4）销售免税货物不得开具增值税专用发票，法律、法规及国家税务总局另有规定的除外。
（5）纳税人发生应税销售行为，应当向索取增值税专用发票的购买方开具增值税专用发票，并在增值税专用发票上分别注明销售额和销项税额。属于下列情形之一的，不得开具增值税专用发票：
① 应税销售行为的购买方为消费者个人的。
② 发生应税销售行为适用免税规定的。
（6）增值税小规模纳税人（其他个人除外）发生增值税应税行为，需要开具增值税专用发票的，可以自愿使用增值税发票管理系统自行开具。选择自行开具增值税专用发票的小规模纳税人，税务机关不再为其代开增值税专用发票。增值税小规模纳税人应当就开具

增值税专用发票的销售额计算增值税应纳税额,并在规定的纳税申报期内向主管税务机关申报缴纳。小规模纳税人销售其取得的不动产,需要开具增值税专用发票的,应当按照有关规定向税务机关申请代开。小规模纳税人应当就开具增值税专用发票的销售额计算增值税应纳税额,并在规定的纳税申报期内向主管税务机关申报缴纳。在填写增值税纳税申报表时,应当将当期开具增值税专用发票的销售额,按照3%和5%的征收率,分别填写在《增值税纳税申报表(小规模纳税人适用)》第 2 栏和第 5 栏"税务机关代开的增值税专用发票不含税销售额"的"本期数"相应栏次中。

(7)小规模纳税人月销售额超过 10 万元的,使用增值税发票管理系统开具增值税普通发票、机动车销售统一发票、增值税电子普通发票。已经使用增值税发票管理系统的小规模纳税人,月销售额未超过 10 万元的,可以继续使用现有税控设备开具发票;已经自行开具增值税专用发票的,可以继续自行开具增值税专用发票,并就开具增值税专用发票的销售额计算缴纳增值税。

任务实施

一、实施场景

以智能财税共享服务中心综合实训平台中北京赛唯商贸有限公司——2020 年 2 月的日常业务处理业务 1 为例,假设该企业 2020 年 1 月已在财天下进行过结账处理,并进行了日常财税业务的审核,增值税的审核内容与申报流程如图 6-1-2 所示。现需要对该公司 1 月份的税务数据进行纳税申报。

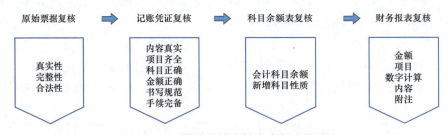

图 6-1-2　增值税的审核内容与申报流程

二、实施要求

2 月 1 日,申报 1 月增值税。
(1)请涉税服务岗人员查看、完善并保存增值税纳税申报表。
(2)请审核管家岗人员审核并申报增值税税表。

三、实施步骤

该任务的流程如图 6-1-3 所示。

图6-1-3 增值税的审核与申报流程

具体操作步骤如下：

（1）点击金税师，进入"纳税申报"页面。

（2）点击左侧"纳税申报"菜单，切换"申报日期"为2020年2月，点击"增值税纳税申报表"，如图6-1-4所示。

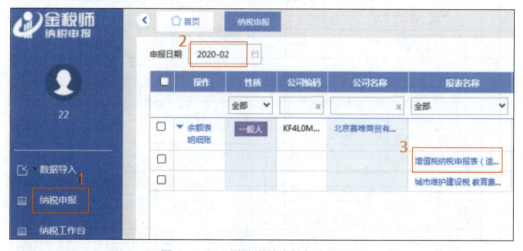

图6-1-4 增值税的审核与申报页面

（3）进入税表填报界面后，金税师平台会通过抓取财天下企业增值税销项税票、进项税票和其他扣税凭证的相关信息，自动生成大部分数据，如表6-1-2所示。涉税服务岗人员仅需要对数据进行复核及完善。根据本任务的实际情况，需要补充填写增值税纳税申报表（适用增值税一般纳税人）G列第25栏"期初未缴税额（多缴为负数）"，金额填入25 382元。该金额是进入财天下系统，通过"账簿–科目明细账"菜单对"应交税费——未交增值税"科目进行查询后得到的，如图6-1-5所示。当然，若通过账簿查询，发现"应交税费——应交增值税——进项税额"的科目余额在借方，则代表存在上期留底税额，需要将该金额填入G列第13行。其他情况不一一列举，需要根据企业实际情况对税表进行修正。

表 6-1-2　增值税纳税申报表（适用增值税一般纳税人）

增值税纳税申报表
（适用于增值税一般纳税人）

根据《中华人民共和国增值税暂行条例》和《交通运输业和部分现代服务业营业税改征增值税试点实施办法》的规定制定本表。纳税人不论有无销售额，均应按主管税务机关核定的纳税期限按期填报本表，并于次月一日起十五日内，向当地税务机关申报。

税款所属时间自2020年01月1日到2020年01月31日　　填表日期：　年　月　日　　　　金额单位：元至角分

纳税人识别号：	91110106M311118744		所属行业：		
纳税人名称（公章）	北京赛唯商贸有限公司	法定代表人姓名		注册地址		生产经营地址	
开户银行及账号			登记注册类型		电话号码	

	项目	栏次	一般项目		即征即退项目	
			本月数	本年累计	本月数	本年累计
销售额	（一）按适用税率计税销售额	1	615 000.00	615 000.00	0.00	0.00
	其中：应税货物销售额	2	615 000.00	615 000.00		0.00
	应税劳务销售额	3	0.00	0.00		0.00
	纳税检查调整的销售额	4	0.00	0.00		0.00
	（二）按简易办法计税销售额	5	0.00	0.00		0.00
	其中：纳税检查调整的销售额	6	0.00	0.00		0.00
	（三）免、抵、退办法出口销售额	7	0.00	0.00	—	—
	（四）免税销售额	8	0.00	0.00	—	—
	其中：免税货物销售额	9	0.00	0.00	—	—
	免税劳务销售额	10	0.00	0.00	—	—
税款计算	销项税额	11	79 950.00	79 950.00	0.00	0.00
	进项税额	12	37 825.13	37 825.13		0.00
	上期留抵税额	13		0.00		—
	进项税额转出	14	0.00	0.00		0.00
	免、抵、退应退税额	15		0.00	—	—
	按适用税率计算的纳税检查应补缴税额	16		0.00		—
	应抵扣税额合计	17	37 825.13	—	0.00	—
	实际抵扣税额	18	37 825.13	0.00	0.00	0.00
	应纳税额	19	42 124.87	42 124.87	0.00	—
	期末留抵税额	20	0.00	0.00	—	—
	简易计税办法计算的应纳税额	21		0.00		0.00
	按简易计税办法计算的纳税检查应补缴税额	22		0.00	—	—
	应纳税额减征额	23		0.00		0.00
	应纳税额合计	24	42 124.87	42 124.87	0.00	0.00
税款缴纳	期初未缴税额（多缴为负数）	25		0.00		0.00
	实收出口开具专用缴款书退税额	26		0.00	—	—
	本期已缴税额	27	0.00	0.00	0.00	0.00
	①分次预缴税额	28		—		—
	②出口开具专用缴款书预缴税额	29				
	③本期缴纳上期应纳税额	30	0.00	0.00	0.00	0.00
	④本期缴纳欠缴税额	31		0.00		0.00
	期末未缴税额（多缴为负数）	32	42 124.87	42 124.87	0.00	0.00
	其中：欠缴税额（≥0）	33	0.00	—	0.00	—
	本期应补(退)税额	34	42 124.87		0.00	
	即征即退实际退税额	35	—	—		0.00
	期初未缴查补税额	36		0.00		—
	本期入库查补税额	37		0.00		—
	期末未缴查补税额	38	0.00	0.00		

是否代理申报：	否	代理人名称：		代理人地址：	

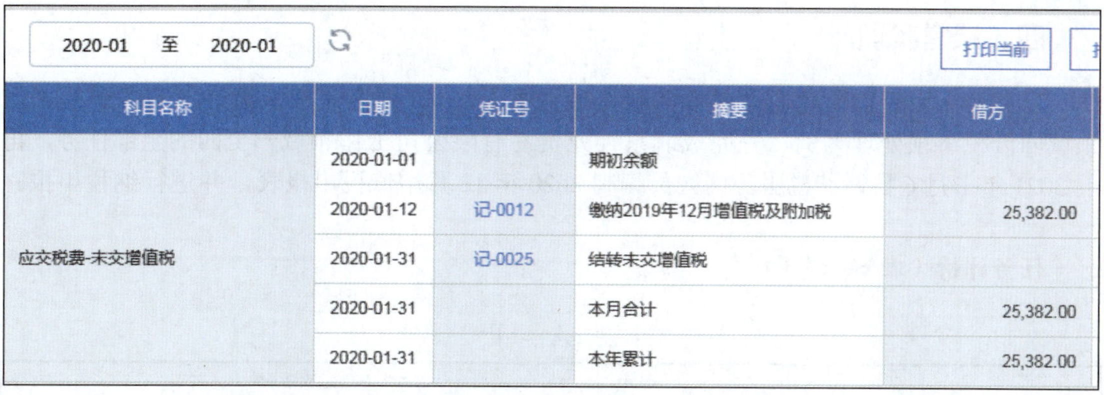

科目名称	日期	凭证号	摘要	借方
应交税费-未交增值税	2020-01-01		期初余额	
	2020-01-12	记-0012	缴纳2019年12月增值税及附加税	25,382.00
	2020-01-31	记-0025	结转未交增值税	
	2020-01-31		本月合计	25,382.00
	2020-01-31		本年累计	25,382.00

图6-1-5 "应交税费——未交增值税"科目明细账查询结果

（4）对税表进行调整并检查无误后，依次点击税表上方的"保存""审核""申报"按钮，即可完成增值税的申报。

若申报后需要取消，则在金税师首页点击左侧"纳税工作台-申报日志"菜单，进入"申报日志（申报历史查询）"页面，切换申报日期为自"2020-02-01"起，搜索到公司的报税记录后，点击"申报作废"，如图6-1-6所示。填写完作废理由后，该条申报记录即取消。再次回到"纳税申报"界面，点击"审核-反审核"后，即可重新修改税表，重新进行税表申报，如图6-1-7所示。

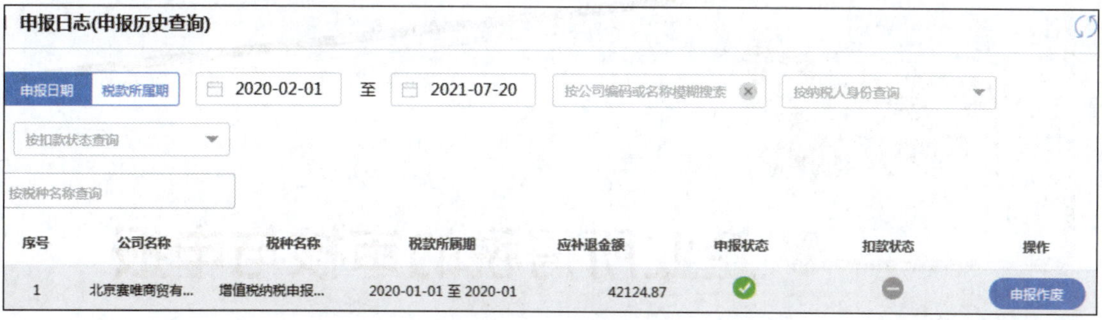

序号	公司名称	税种名称	税款所属期	应补退金额	申报状态	扣款状态	操作
1	北京赛唯商贸有…	增值税纳税申报…	2020-01-01 至 2020-01	42124.87	✓	●	申报作废

图6-1-6 申报作废

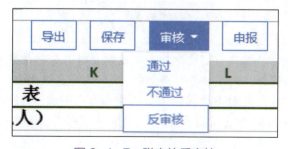

图6-1-7 税表的反审核

四、课堂实训

以考证平台智能财税职业技能等级基础业务1——社会化共享中级代理实务中的工作领域四涉税事项处理为例，先完成北京神龙贸易有限公司工作领域一至四的全部任务，再于2021年1月6日请涉税服务岗人员编制2020年12月增值税申报表，并进行纳税申报。

任务评价（表6–1–3）

表6–1–3　任务评价

共享服务平台工作任务清单	完成情况			
	已完成			未完成
	配分	扣分	用时	（备注）
企业增值税的计算和账务处理				
区分小规模纳税人和一般纳税人的认定标准和相关纳税要求				
在金税师操作平台上对增值税进行计算				
在金税师操作平台上对增值税进行审核与申报				

任务 2　企业所得税的审核与申报

任务导入

杨玲从事的是涉税服务岗工作，最令她头疼的就是每月初的纳税申报，需要她填写各种税表，每次都弄到心力交瘁，人送外号"表姐"。所幸的是，该企业从2020年1月份起上线了智能财税共享服务平台，且财务核算岗人员已在平台上完成了12月的账务处理工作，现需由杨玲负责对所在公司的企业所得税进行纳税申报。那么，她该如何处理此项业务呢？

任务分析

（1）涉税服务岗的杨玲需要了解税表间的逻辑关系和取数原理；

(2)需要学会利用平台进行企业所得税税表数据的补充、修正和调整。

课程思政

通过学习企业所得税的相关基本知识，让学生意识到，企业作为社会中创造财富的单位，要积极履行纳税义务，承担必要的社会责任。抗疫期间，国家更是通过税收反哺企业和人民群众，共同促进社会发展。

相 关 知 识

一、企业所得税的纳税义务人、征收对象与税率（Taxpayers of Enterprise Income Tax，Objects of Collection and Tax Rates）

（一）纳税义务人

纳税义务人是中华人民共和国境内的企业和其他取得收入的组织。
纳税义务人分为居民企业和非居民企业（标准：注册地和实际管理机构）。

1. 居民企业

居民企业，即依法在中国境内成立，或者依照外国（地区）法律成立但实际管理机构在中国境内的企业。

2. 非居民企业

非居民企业，即依照外国（地区）法律成立且实际管理机构不在中国境内，但在中国境内设立机构、场所的，或者在中国境内未设立机构、场所，但有来源于中国境内所得的企业。

（二）征税对象

征税对象是企业取得的生产经营所得、其他所得和清算所得。

1. 居民企业

以来源于中国境内、境外的所得作为征税对象。

2. 非居民企业

（1）在中国境内设立机构、场所的，应当就其所设机构、场所取得的来源于中国境内的所得，以及发生在中国境外但与其所设机构、场所有实际联系的所得。

（2）在中国境内未设立机构、场所的，或者虽设立机构、场所但取得的所得与其所设机构、场所没有实际联系的，其来源于中国境内的所得。

（三）税率

税率如表 6-2-1 所示。

表 6-2-1 税率

税率/%	适用范围
25	居民企业
	在中国境内设有机构、场所且所得与机构、场所有关联的非居民企业
20（实际 10）	在中国境内未设立机构、场所的，有来自中国境内的所得
	虽设立机构、场所，但取得的所得与其所设机构、场所没有实际联系的非居民企业
20	小型微利企业（税收优惠）
15	高新技术企业、自 2017 年 1 月 1 日起经认定的技术先进型服务企业、2019 年 1 月 1 日起至 2021 年 12 月 31 日符合条件的从事污染防治的第三方企业（税收优惠）

二、应纳税所得额的计算（Computation of Taxable Income）

（一）直接法

应纳税所得额＝收入总额－不征税收入－免税收入－
各项扣除－允许弥补的以前年度亏损

（二）间接法

应纳税所得额＝会计利润总额±纳税调整项目金额

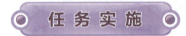

一、实施场景

以考证平台智能财税职业技能等级基础业务 1——社会化共享中级代理实务中的工作领域四涉税事项处理为例，在完成北京神龙贸易有限公司工作领域一至四的全部任务，进行了日常财税业务的审核后，拟进行纳税申报。

二、实施要求

2021 年 1 月 6 日，请涉税服务岗人员编制 2020 年第四季度的企业所得税预缴申报表，进行纳税申报。

三、实施步骤

该任务的流程如图 6-2-1 所示。

具体操作步骤如下：

（1）点击"开始练习"，进入"纳税申报"页面。

（2）点击左侧"纳税工作台"菜单，切换"申报日期"为 2021 年 1 月，点击"中华人民共和国企业所得税月（季）度预缴纳税申报表（A 类）"。

图 6-2-1 企业所得税的审核与申报流程

（3）进入税表填报界面后，金税师平台会通过抓取财天下企业收入、费用等相关信息，自动生成大部分数据，如表 6-2-2 所示。涉税服务岗人员仅需要对数据进行复核及完善。一般需根据企业基本情况完善中华人民共和国企业所得税月（季）度预缴纳税申报表（A类）的基本信息，如表 6-2-3 所示。需要说明的是，如果企业属于小微企业，在小型微利企业处填写"是"后，系统会自动进行应纳所得税额的减免。

表6-2-2 中华人民共和国企业所得税月（季）度预缴纳税申报表（A类）

税款所属时间自 2020 年 10 月 01 日到 2020 年 12 月 31 日

纳税人识别号：91110101789658383A

纳税人名称：北京神龙贸易有限公司　　　　　　　　　　金额单位：人民币元（列至角分）

预缴方式	按照实际利润额预缴	
企业类型	一般企业	
预缴税款计算		
行次	项　目	本年累计金额
1	营业收入	298 206 600.00
2	营业成本	229 347 061.20
3	利润总额	38 536 467.88
4	加：特定业务计算的应纳税所得额	
5	减：不征税收入	
6	减：免税收入、减计收入、所得减免等优惠金额（填写 A201010）	0.00
7	减：固定资产加速折旧（扣除）调减额（填写 A201020）	0.00
8	减：弥补以前年度亏损	
9	实际利润额（3+4-5-6-7-8）\按照上一纳税年度应纳税所得额平均额确定的应纳税所得额	38 536 467.88
10	税率（25%）	25.00%
11	应纳所得税额（9×10）	9 634 116.97
12	减：减免所得税额（填写 A201030）	0.00
13	减：实际已缴纳所得税额	0.00
14	减：特定业务预缴（征）所得税额	
15	本期应补（退）所得税额（11-12-13-14）\税务机关确定的本期应纳所得税额	9 634 116.97

续表

		汇总纳税企业总分机构税款计算	
16	总机构填报	总机构本期分摊应补（退）所得税额（17＋18＋19）	0
17		其中：总机构分摊应补（退）所得税额（15×总机构分摊比例 25 %）	0
18		财政集中分配应补（退）所得税额（15×财政集中分配比例 25 %）	0
19		总机构具有主体生产经营职能的部门分摊所得税额（15×全部分支机构分摊比例 50 %×总机构具有主体生产经营职能部门分摊比例__%）	0
20	分支机构填报	分支机构本期分摊比例	
21		分支机构本期分摊应补（退）所得税额	
附报信息			
高新技术企业	否	科技型中小企业	否
技术入股递延纳税事项	否		
按季度填报信息			
季初从业人数		季末从业人数	
季初资产总额（万元）	0	季末资产总额（万元）	0
国家限制或禁止行业	否	小型微利企业	否
谨声明：此纳税申报表是根据《中华人民共和国企业所得税法》《中华人民共和国企业所得税法实施条例》以及有关税收政策和国家统一会计制度的规定填报的，是真实的、可靠的、完整的。			

表 6-2-3　完善企业所得税申报表的基本信息

附报信息			
高新技术企业	否	科技型中小企业	否
技术入股递延纳税事项	否		
按季度填报信息			
季初从业人数		季末从业人数	
季初资产总额（万元）		季末资产总额（万元）	
国家限制或禁止行业		小型微利企业	是
谨声明：此纳税申报表是根据《中华人民共和国企业所得税法》《中华人民共和国企业所得税法实施条例》以及有关税收政策和国家统一会计制度的规定填报的，是真实的、可靠的、完整的。			

（4）对税表进行调整并检查无误后，依次点击税表上方的"保存""审核""申报"按钮，即完成企业所得税的申报。

四、课堂实训

以智能财税共享服务中心综合实训平台中北京赛唯商贸有限公司——2020年3月的案例为例，3月1日申报2月的企业所得税。

任务评价（表6-2-4）

表6-2-4 任务评价

共享服务平台工作任务清单	完成情况			
	已完成			未完成
	配分	扣分	用时	（备注）
企业所得税的计算和账务处理方法				
在智能化财务操作平台上对计提企业所得税的账务处理进行审核				
在智能化金税师操作平台上对企业所得税纳税申报表进行完善、修正				

任务 3 其他税种的计算与申报

任务导入

杨玲从事的是涉税服务岗，最令她头疼的就是每月初的纳税申报，需要她填写各种税表，每次都弄到心力交瘁，人送外号"表姐"。所幸的是，该企业从2020年1月份起上线了智能财税共享服务平台，且财务核算岗人员已在平台上完成了12月的账务处理工作，现需由杨玲负责对所在公司的城建税（城市维护建设税）及附加税（教育费附加、地方教育附加）进行纳税申报。那么，她该如何处理此项业务呢？

任务分析

（1）涉税服务岗的杨玲需要了解税表间的逻辑关系和取数原理；
（2）需要学会利用平台进行城建税及附加税税表数据的补充、修正和调整。

相关知识

一、城建税的特点（Characteristics of City Construction Tax）

（1）税款专款专用——城市公用事业和公共设施的维护和建设；

（2）属于一种附加税；
（3）根据城镇规模设计不同的比例税率。

二、城建税的纳税义务人（Taxpayers of City Construction Tax）

城建税以在我国境内缴纳增值税、消费税的纳税人为纳税义务人。
增值税、消费税的扣缴义务人也是城建税扣缴义务人。

三、城建税应纳税额的计算（Calculation of Tax Payable for City Construction Tax）

（一）税率

城建税税率如表6-3-1所示。

表6-3-1 城建税税率

档次	纳税人所在地	税率/%
1	市区（撤县建市后）	7
2	县城、镇	5
3	不在市区、县城、镇开采海洋石油资源的中外合作油（气）田，所在地在海上	1

> **课程思政**
>
> 通过区别城建税的税率，将有益于充分发挥地方政府的财政自主权，有益于地方政府根据当地经济发展特点搞好经济发展，同时实现财政增收。

（二）计税依据

计税依据是纳税人实际缴纳的增值税、消费税税额之和。
（1）应当按照规定，扣除期末留抵退税退还的增值税税额；
（2）纳税人违反"两税"有关规定而加收的滞纳金和罚款，不作为城建税的计税依据；
（3）纳税人违反"两税"有关规定，被查补"两税"和被处以罚款时，也要对其未缴的城建税进行补税和罚款；
（4）"两税"得到减征或免征优惠，城建税也要同时减免；
（5）城建税进口不征，出口不退；
（6）经国家税务总局正式审核批准的当期免抵的增值税税额应纳入城市维护建设税和教育费附加的计征范围。

（三）应纳税额的计算

应纳税额=（实纳增值税税额+实纳消费税税额）×适用税率

四、城建税的税收优惠（Tax Preferences for City Construction Tax）

城建税原则上不单独减免，根据国民经济和社会发展的需要，国务院对重大公共基础设施建设、特殊产业和群体以及重大突发事件应对等情形可以规定减征或者免征城建税，报全国人大常委会备案。

（1）城建税按减免后实际缴纳的"两税"税额计征，即随"两税"的减免而减免；

（2）对于因减免税而需进行"两税"退库的，城建税也可同时退库；

（3）海关对进口产品代征的增值税、消费税，不征收城建税；

（4）对"两税"实行先征后返、先征后退、即征即退办法的，除另有规定外，对随"两税"附征的城建税和教育费附加，一律不予退（返）还；

（5）对国家重大水利工程建设基金免征城市维护建设税；

（6）对实行增值税期末留抵退税的纳税人，允许其从城市维护建设税、教育费附加和地方教育附加的计税依据中扣除退还的增值税税额。

五、附加税的特点（Characteristics of Surtax）

（一）附加税包括教育费附加和地方教育附加

教育费附加和地方教育附加是对缴纳增值税、消费税的单位和个人，以其实际缴纳的税额为计算依据征收的一种附加费。

> **课程思政**
>
> 教育费附加和地方教育附加体现了国家对教育事业的重视，增值税和消费税是稳定的税源，有助于对教育经费的持续保障。

（二）附加税的特点

1. 征收范围

缴纳增值税、消费税的单位和个人。

2. 计征依据

实际缴纳的增值税、消费税。

3. 计征比率

教育费附加征收比率为3%；地方教育附加征收比率为2%。

六、附加税的计算（Calculation of Surtax）

应纳教育费附加或地方教育附加＝实纳增值税、消费税×征收比率（3%或2%）

七、附加税的减免规定（Provisions on Reduction and Exemption of Surtax）

（1）进口不征，出口不退；

（2）对由于减免增值税、消费税而发生的退税，可同时退还已征收的教育费附加；
（3）对国家重大水利工程建设基金免征教育费附加。

自 2016 年 2 月 1 日起，按月纳税的月销售额不超过 10 万元（按季度纳税的季度销售额不超过 30 万元）的缴纳义务人，免征教育费附加、地方教育附加、水利建设基金。

一、实施场景

以考证平台智能财税职业技能等级基础业务 1——社会化共享中级代理实务中的工作领域四涉税事项处理为例，在完成北京神龙贸易有限公司工作领域一至四的全部任务，并进行了日常财税业务的审核后，拟进行纳税申报。

二、实施要求

2021 年 1 月 6 日，请涉税服务岗人员编制 2020 年 12 月的城建税及附加税申报表，进行纳税申报。

三、实施步骤

该任务的流程如图 6-3-1 所示。

图 6-3-1 城建税及附加税的审核与申报流程

具体操作步骤如下：
（1）点击金税师，进入"纳税申报"页面。
（2）点击左侧"纳税申报"菜单，切换"申报日期"为 2021 年 1 月，点击"城市维护建设税 教育费附加 地方教育附加申报表"。
（3）进入税表填报界面后，金税师平台会通过抓取财天下城建税及附加税纳税申报表等相关信息，自动生成大部分数据，如表 6-3-2 所示。涉税服务岗人员仅需要对数据进行复核及完善。一般仅需根据企业实际情况选择对应的"减免性质代码"，系统即可自动计算本期应纳税额。

(4) 依次点击税表上方的"保存""审核""申报"按钮，即可完成城市维护建设税、教育费附加、地方教育附加的申报。

表6-3-2　城市维护建设税 教育费附加 地方教育附加申报表

税款所属时间自 2020 年 12 月 1 日到 2020 年 12 月 31 日

纳税人识别号（统一社会信用代码）：91110101789658383A

纳税人名称：北京神龙贸易有限公司　　　　　　　　金额单位：人民币元（列至角分）

本期是否适用增值税小规模纳税人减征政策（减免性质代码_____城市维护建设税：07049901，减免性质代码_____教育费附加：61049901，减免性质代码_____地方教育附加：99049901）					否		减征比例_____城市维护建设税（%）					0
							减征比例_____教育费附加（%）					0
							减征比例_____地方教育附加（%）					0
本期是否适用试点建设培育产教融合型企业抵免政策							当期新增投资额					0
							上期留抵可抵免金额					0
							结转下期可抵免金额					0

税（费）种	计税（费）依据				税率（征收率）	本期应纳税	本期减免税（费）额		增值税小规模纳税人减征	试点建设培育产教融合型企业		本期已缴税（费）额	本期应补（退）税（费）额
	增值税		消费税	营业税			减免性质代码	减免税（费）额		减免性质	本期抵免金额		
	一般增值税	免抵税额											
				合计									
	1	2	3	4	5=1+2+3+4	6	7=5*6	8	9	10	11	12	13	14=7-9-10-12-13
城市维护建设税	952 048.69	0	0	0	952 048.69	7%	66 643.41	无	0	0	0	0	66 643.41
教育费附加	952 048.69	0	0	0	952 048.69	3%	28 561.46	无	0	0	0	0	28 561.46
地方教育附加	952 048.69	0	0	0	952 048.69	2%	19 040.97	无	0	0	0	0	19 040.97
合计	—				2 856 146.07	—	114 245.84	—	0	0	0	0	114 245.84

四、课堂实训

以智能财税共享服务中心综合实训平台中北京赛唯商贸有限公司——2020年2月的日常业务处理业务1为例，假设该公司2020年1月已在财天下进行过结账处理，并进行了日常财税业务的审核。现需要对该公司1月的税务数据进行纳税申报。

2月1日，申报1月的城建税及附加税。

(1) 请涉税服务岗人员查看、完善并保存城建税及附加税的纳税申报表。

(2) 请审核管家岗人员审核并申报城建税及附加税税表。

任务评价（表6-3-3）

表6-3-3 任务评价

共享服务平台工作任务清单	完成情况			未完成
	已完成			
	配分	扣分	用时	（备注）
城建税及附加税的计算和账务处理方法				
在智能化财务操作平台上对城建税及附加税的账务处理进行审核				
在智能化金税师操作平台上对城建税及附加税的纳税申报表进行完善修正				

工作领域小结

通过对企业的税务数据进行纳税申报，深刻体会采用智能化金税师系统帮助涉税服务岗人员摆脱"表姐"标签的便捷。学生应该理解主表和附表之间的逻辑关系，学会如何审核及完善税表。此外，应熟悉各类税收的优惠政策，有利于对税表的理解和正确填报。

工作领域六知识要点如图6-3-2所示。

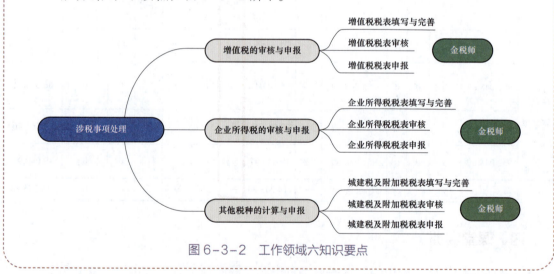

图6-3-2 工作领域六知识要点

实施效果检测

实施效果检测

附　录

智能财税（初级）样题

智能财税（中级）样题

工作领域七

参考答案

参考文献

[1] 百度百科：采购与应付系统. https://baike.baidu.com/item/6721659.

[2] 百度百科：成本核算. https://baike.baidu.com/item/830107?fr=aladdin.

[3] 百度百科：供应链管理的八大核心过程. https://www.sohu.com/a/240146778_100137839.

[4] 百度百科：供应链管理核心知识点. https://wenku.baidu.com/view/cdeb281dff00bed5b9f31d32.html.

[5] 百度百科：全国社会保障基金条例. http://www.mohrss.gov.cn//xxgk2020/fdzdgknr/zcfg/fg/202011/t20201103_394931.html.

[6] 百度百科：销售管理. https://baike.baidu.com/item/963?fr=aladdin.

[7] 百度文库：内部信息报告制度. https://wenku.baidu.com/view/40553dd73b68011ca300a6c30c2259010302f31b.html.

[8] 百度文库：工资结构. https://baike.baidu.com/item/%E5%B7%A5%E8%B5%84%E7%BB%93%E6%9E%84/1820048?fr=aladdin.

[9] 财政部, 国家税务总局. 个人所得税专项附加扣除暂行办法[M]. 北京：法律出版社, 2018.

[10] 财政部会计资格评价中心. 经济法[M]. 北京：经济科学出版社, 2020.

[11] 东奥会计在线. https://www.dongao.com/.

[12] Excel Home.Excel 函数与公式应用大全[M]. 北京：北京出版社, 2018.

[13] 国家税务总局官网. http://www.chinatax.gov.cn/.

[14] 国务院关于国家行政机关和企业事业单位社会团体印章管理的规定. http://www.gov.cn/xxgk/pub/govpublic/mrlm/201011/t20101115_62739.html.

[15] 会计学堂. https://www.acc5.com/news-shuiwu/detail_77238.html.

[16] 全国人民代表大会常务委员会. 中华人民共和国会计法[M]. 北京：中国法制出版社, 2017.

[17] 新道科技股份有限公司. 财务共享服务业务处理[M]. 北京：高等教育出版社, 2021.

[18] 新道科技股份有限公司. 财务数字化应用(中级)[M]. 北京：高教出版社, 2020.

[19] 全国人民代表大会常务委员会. 中华人民共和国会计法[M]. 北京：中国法制出版社, 2017.

[20] 全国社会保障基金条例住房公积金管理条例. https://baike.baidu.com/item/%E4%BD%8F%E6%88%BF%E5%85%AC%E7%A7%AF%E9%87%91%E7%AE%A1%E7%90%86%E6%9D%A1%E4%BE%8B/7944458.

[21] 亚克森. 预算与管理报表[M]. 北京：机械工业出版社, 2005.

［22］用友新道财务数字化应用职业技能等级证书平台. https://cloud.seentao.com/szyx.

［23］在线开放课程智能财税与财务数字化. http://mooc1-1.chaoxing.com/course-ans/ps/214575802.

［24］中国注册会计师协会. 税法［M］. 北京：中国财政经济出版社，2021.

［25］中华人民共和国财政部. 代理记账管理办法［M］. 北京：中国法制出版社，2016.

［26］中华人民共和国财政部. 企业会计准则［M］. 北京：经济科学出版社，2006.

［27］中华人民共和国公司登记管理条例. https://www.lawxp.com/Statute/s1765920.html#div100020561.

［28］中华人民共和国国务院新闻办官网. http://www.scio.gov.cn/32344/32345/39620/zy40168/Document/1651377/1651377.htm.

［29］中联集团教育科技有限公司. 智能财税1+X证书制度系列教材：智能财税基础业务［M］. 北京：高等教育出版社，2020.

［30］中联教育 1+X（智能财税）职业技能等级证书平台. https://zledusx.cailian.net/#/home.

［31］中联教育智慧财经综合实训教学平台. https://sx.cailian.net/#/.